Grundschule

Gabriela Rosenwald

Steinzeit an Stationen

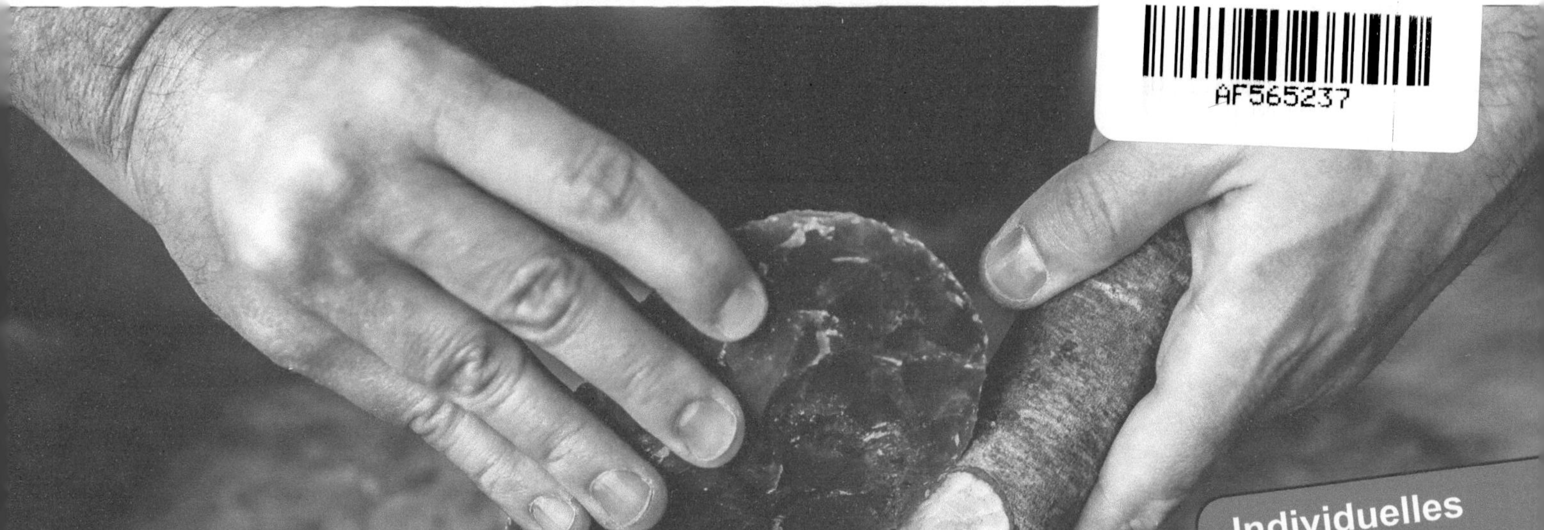

Individuelles Lernen

Heterogene Lerngruppen

Zusatzmaterial mit Lösungen

G M 3 E

- ➡ Infotexte und Aufgaben
- ➡ Differenziert in drei Niveaustufen
- ➡ Ohne Vorarbeit sofort umsetzbar

Lernen mit Erfolg
KOHL VERLAG

Steinzeit an Stationen

Grundschule

5. Auflage 2025

Inhalt: Gabriela Rosenwald
Coverbilder: © Andy Ilmberger, volondoff & Steve Young - AdobeStock.com
Redaktion: Kohl-Verlag
Grafik & Satz: Kohl-Verlag
Druck: elanders Druck, Waiblingen

Bestell-Nr. 12 073

ISBN: 978-3-96040-235-0

Kontakt: Kohl-Verlag, An der Brennerei 37-45, 50170 Kerpen
Tel: +49 2275 331610, Mail: info@kohlverlag.de

Der vorliegende Band ist eine Print-Einzellizenz

Sie wollen unsere Kopiervorlagen auch digital nutzen? Kein Problem – fast das gesamte KOHL-Sortiment ist auch sofort als PDF-Download erhältlich! Wir haben verschiedene Lizenzmodelle zur Auswahl:

	Print-Version	PDF-Einzellizenz	PDF-Schullizenz	Kombipaket Print & PDF-Einzellizenz	Kombipaket Print & PDF-Schullizenz
Unbefristete Nutzung der Materialien	x	x	x	x	x
Vervielfältigung, Weitergabe und Einsatz der Materialien im eigenen Unterricht	x	x	x	x	x
Nutzung der Materialien durch alle Lehrkräfte des Kollegiums an der lizensierten Schule			x		x
Einstellen des Materials im Intranet oder Schulserver der Institution			x		x

Die erweiterten Lizenzmodelle zu diesem Titel sind jederzeit im Online-Shop unter www.kohlverlag.de erhältlich.

Inhalt

KOHL VERLAG
STEINZEIT AN STATIONEN
Grundschule – Bestell-Nr. 12 073

Übersicht

1 Archäologen wissen über die Steinzeit Bescheid

2 Entwicklung der Steinzeit und des Menschen

KOHL VERLAG STEINZEIT AN STATIONEN Grundschule – Bestell-Nr. 12'073

Übersicht

3 Rund um die Altsteinzeit

Stationsname	Niveau	Seite
1. Die Altsteinzeit	!	21
2. Leben in der Altsteinzeit	⊙	21
3. Die Neandertaler	!	23
4. Das Leben der Neandertaler	⊙	23
5. Die Tiere der Altsteinzeit: Mammut und Wollnashorn	⊙	25
6. Wollnashorn und Riesenhirsch	⊙	25
7. Säbelzahnkatzen und Höhlenbär	⊙	27
8. Tierspuren der Steinzeit	⊙	27
9. Wohnen in der Altsteinzeit	⊙	29
10. Werkzeuge und Waffen	! ★	29
11. Die Nahrung der Menschen	⊙	31
12. Steinzeitnahrung heute	!	31
13. Die Höhle von Lascaux	! ★	33
14. Höhlenmalerei	⊙ ! ★	33
15. Das Feuer	⊙	35
16. Feuer anzünden	★	35

4 Rund um die Mittelsteinzeit

Stationsname	Niveau	Seite
1. Die Mittelsteinzeit	!	37
2. Die „neuen" Tiere	⊙	37
3. Neue Werkzeuge	!	39
4. Das Leben	⊙	39
5. Das Rad	⊙	41
6. Wagenbau	⊙ ! ★	41
7. Die Kleidung	⊙	43
8. Die Maglemose-Kultur	!	43

KOHL VERLAG
STEINZEIT AN STATIONEN
Grundschule – Bestell-Nr. 12 073

Übersicht

5 Rund um die Jungsteinzeit

KOHL VERLAG Lernen mit Erfolg
STEINZEIT AN STATIONEN Grundschule – Bestell-Nr. 12'073

Einsatz der Materialien

Schon für jüngere Schüler ist es spannend herauszufinden, wie die Menschen früher gelebt haben; unsere Entwicklung zu betrachten, seit unser Stammbaum sich von dem der Menschenaffen trennte.

Steinzeit – keine Metalle, kein Plastik, kein Komfort wie fließendes Wasser, Dusche oder Toilette, von Wohnung mit Heizung ganz zu schweigen. Dafür wilde Tiere, tägliche Suche nach Nahrung und Forschen nach Erleichterung des Daseins.

Verständlich, dass die frühen Menschen versuchten, ihr Leben zu verbessern. Wahrscheinlich waren sie stolz, wenn sie eine neue Errungenschaft wie das Rad oder die Töpferei entdeckt, erfunden und beherrscht haben.

Sie finden hier viele Informationen altersgemäß aufbereitet. Wie kam es zur Entwicklung der ersten Menschen? Wie entwickelte sich diese weiter bis zu unserer Existenz heute? Stammen die Menschen vom Affen ab? Wann gaben sie ihr Nomadendasein auf? Wie kam es dazu? Welche positiven und negativen Entwicklungen führten zu unserem Leben heute?

Archäologen und Anthropologen haben vieles entdeckt und erforscht, was sich vor Millionen Jahren ereignet hat. Viele Fragen, die interessante Antworten erwarten lassen.

Viel Erfolg und Spaß zu diesem Thema wünschen Ihnen und Ihren Schülerinnen und Schülern der Kohl-Verlag und

Gabriela Rosenwald

Differenzierung der Aufgaben:

Innerhalb der Bereiche gibt es drei Schwierigkeitsstufen zur Differenzierung.

⊙ G = grundlegendes Niveau
! M = mittleres Niveau
✶ E = erweitertes Niveau

- Die Aufgaben zum grundlegenden Niveau sollten von allen Schülern bearbeitet werden.
- Aufgaben mit mittlerem Niveau bieten Erweiterungen und höhere Anforderungen als das grundlegende Niveau.
- Die Aufgaben des erweiterten Niveaus sind sogenannte Expertenaufgaben und enthalten vertiefende oder weiterführende Inhalte.

Je nach Leistungsstand können Sie jedoch problemlos Stationen anders kennzeichnen.
Die Stationen können in Einzel-, Partner- oder Gruppenarbeit durchlaufen werden. Oben auf den Karten können Sie die Arbeitsform eintragen.
In den Lösungen finden sich, nach den Aufgabennummern geordnet, die Antworten. Die Lösungskarten, evtl. laminiert, lassen sich immer wieder verwenden.

Symbole: ⊙ Grundlegendes Niveau ! Mittleres Niveau ✶ Erweitertes Niveau

Name: ______________________ Datum: ______________

Stationen-Laufzettel

◉ Grundlegendes Niveau

Station	Stationsname	erledigt	korrigiert

! Mittleres Niveau

Station	Stationsname	erledigt	korrigiert

✶ Erweitertes Niveau

Station	Stationsname	erledigt	korrigiert

KOHL VERLAG Lernen mit Erfolg
STEINZEIT AN STATIONEN
Grundschule – Bestell-Nr. 12'073

1. Woher weiß man über die Steinzeit Bescheid?

Archäologen wissen über die Steinzeit Bescheid

Das Wort Archäologie kommt aus dem Griechischen und bedeutet in etwa:
„die Lehre von dem, was alt ist". Der Archäologe erforscht all das, was vor- und frühgeschichtliche Menschen und Kulturen an Bauten, Gräbern, Gegenständen, Schriften usw. hinterlassen haben. Dafür gräbt er in der Erde nach Scherben, Knochen oder manchmal sogar nach Münzen oder Schmuck. Zum Graben benutzt er einen Spaten oder eine kleine Schaufel. Damit nichts kaputt geht, braucht er manchmal einen Pinsel, um seinen Fund von Erde zu befreien. Wenn er etwas gefunden und ausgegraben hat, macht er es sauber und setzt Scherben, z. B. von Tontafeln, auch wieder zusammen, damit es in einem Museum gezeigt werden kann. Dadurch können wir viel über die früheren Zeiten lernen.

Aufgabe 1: Beantworte die Fragen schriftlich.

a) Was ist ein Archäologe?

b) Was können Archäologen finden? Setze die Silben richtig zusammen.

ben – ber – chen – Edel – feln – Grä – Kno – Mün – ne –
Scher – Schmuck – stei – ta – Ton – zen

KOHL VERLAG STEINZEIT AN STATIONEN Grundschule – Bestell-Nr. 12 073

2. Was sind Fossilien?

!

Archäologen wissen über die Steinzeit Bescheid

Das Wort „Fossil" kommt aus dem Lateinischen und heißt ausgraben. Fossilien sind versteinerte Überreste von Pflanzen oder Tieren aus der Vergangenheit. Niemand hat z. B. einen lebenden Dinosaurier gesehen. Woher aber wissen die Paläontologen (das sind Wissenschaftler, die sich mit dem Erforschen vorzeitlicher Lebewesen beschäftigen), wie die Dinosaurier ausgesehen haben? Paläontologen suchen, erhalten und bauen gefundene Fossilien zusammen. Daraus können sie Rückschlüsse auf das Leben dieser Wesen ziehen. Als „**Lebende Fossilien**" bezeichnet man Tierarten, die sich seit vielen Millionen von Jahren kaum verändert haben und trotzdem noch leben, während alle nahen Verwandten der Tierart seit Jahrmillionen ausgestorben sind. Bekannt ist der Kiwi, ein flugunfähiger Vogel, der in Neuseeland lebt. Seine Art lebt jetzt schon seit 140 Millionen Jahren – also seit der Zeit der Dinosaurier. Weitere „Lebende Fossilien" sind Krokodile und Schildkröten.

Aufgabe 1: Erkläre, worin die Arbeit eines Paläontologen besteht.

Aufgabe 2: Male die drei Tiere richtig aus und beschrifte sie.

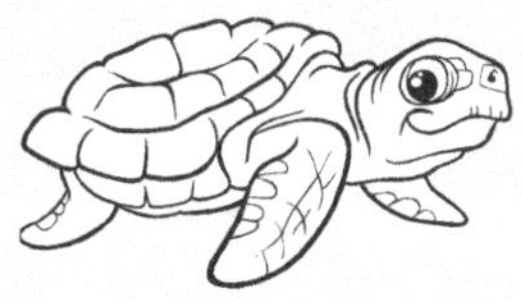

KOHL VERLAG STEINZEIT AN STATIONEN Grundschule – Bestell-Nr. 12 073

1. Woher weiß man über die Steinzeit Bescheid?

Archäologen wissen über die Steinzeit Bescheid

Lösungen

Aufgabe 1: a) Der Archäologe erforscht all das, was vor- und frühgeschichtliche Menschen und Kulturen an Bauten, Werkzeugen und Geräten hinterlassen haben.

b) Archäologen können folgende Sachen finden:
Edelsteine, Scherben, Gräber, Tontafeln, Schmuck, Münzen, Knochen

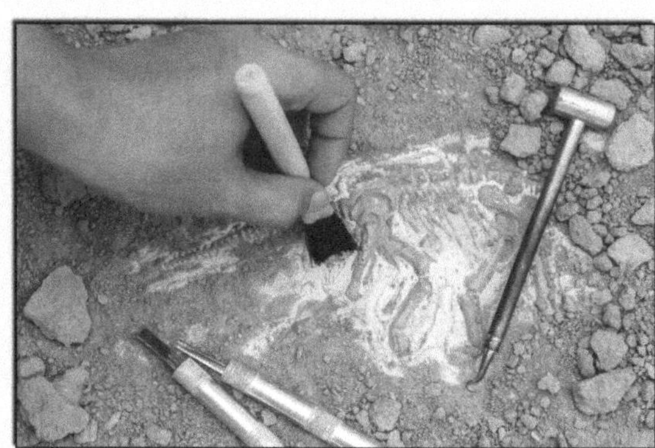

2. Was sind Fossilien?

!

Archäologen wissen über die Steinzeit Bescheid

Lösungen

Aufgabe 1: Paläontologie kommt von den griechischen Wörtern „palaios" (alt), „ontos" (wirklich) und „logos" (Wissenschaft), also die Wissenschaft vom wirklich Alten. Sie ist sowohl Bio- als auch Geowissenschaft. Ein Paläontologe erforscht die Entwicklung der Lebewesen, die im Verlauf der Erdgeschichte unseren Planeten bevölkerten.

Aufgabe 2:

Schildkröte

Kiwi

Krokodil

3. Wenn ein Fossil entdeckt wird

!

Archäologen wissen über die Steinzeit Bescheid

Ein totes Tier wird zufällig rasch mit Schlamm oder Sand bedeckt, zum Beispiel durch einen Erdrutsch. So kann es nicht verwesen. Die weichen Körperteile zerfallen, die härteren Knochen bleiben übrig. Manchmal bleiben sie unverändert in dieser geschützten Umgebung über Millionen Jahre liegen. Wenn sich in den Hohlräumen der Knochen Mineralien absetzen, beginnt die Versteinerung. Millionen Jahre nach dem Tod eines Dinos wird ein Schädel gefunden. Anhand der Fundschicht kann das Alter bestimmt werden. Wichtig sind der Fundort und die genaue Lage des Fossils, denn nur so können die Wissenschaftler es richtig einordnen. Die Fundstelle wird mit Hilfe eines GPS-Senders ermittelt, Fotos werden geschossen, Gesteinsproben genommen. Erst dann wird der Fund in Gips oder Kunstharzschaum gehüllt und in ein Labor gebracht. Wenn er dort fertig behandelt ist, kannst du ihn im Museum bewundern!

Aufgabe 1: Was müssen die Forscher genau angeben, wenn sie ein Fossil gefunden haben?

Aufgabe 2: Was passiert mit dem Fund danach? Beschreibe!

4. So entsteht ein Fossil

Archäologen wissen über die Steinzeit Bescheid

Aufgabe 1: Hier ist die Geschichte, wie im Laufe vieler, vieler Jahre ein Fossil entsteht. Schneide Bilder und Texte aus! Klebe sie passend zusammen!

Vor 120 Millionen Jahren lebte Paul, ein alter Dinosaurier.	Als Paul schon sehr alt und krank war, ging er zu seinem Lieblingsplatz. So konnte er die Sonne sehen.	Paul legte sich auf den Hügel und.	schlief ein. Er träumte von der Sonne und den Bäumen. So starb er.
Andere Lebewesen ernährten sich von der Haut und dem Fleisch des Sauriers. Aber die Knochen und die Zähne blieben übrig.	Immer mehr Sand- und Schlammschichten legten sich auf das Skelett des Sauriers.	Weitere Gesteinsschichten schlossen es luftdicht ein. Feinste Mineralien drangen durch das Skelett. So versteinerten die Knochenteile.	Die Umwelt veränderte sich, es lagen nicht mehr so viele Gesteinsschichten auf dem Fossil. So entdeckten Tim und Sara das Fossil.

3. Wenn ein Fossil entdeckt wird

!

Lösungen

Aufgabe 1: Die Forscher müssen die genaue Fundstelle und die Lage des Fossils angeben. Die Fundstelle wird mit Hilfe eines GPS-Senders ermittelt.

Aufgabe 2: Fotos werden geschossen, Gesteinsproben genommen, dann wird der Fund in Gips oder Kunstharzschaum gehüllt und in ein Labor gebracht.

Archäologen wissen über die Steinzeit Bescheid

4. So entsteht ein Fossil

⊙ ! ★

Lösungen

Aufgabe 1: So ist die Reihenfolge der Bilder richtig:

5. Was ist ein Stein?

Steine nennen wir alle festen Bestandteile der Erdkruste (außer Eis). Steine sind hart und widerstandsfähig. Man sagt: hart wie Stein. Steine bestehen meist aus mehreren verschiedenen Mineralien. In der Regel sind es feste Stoffe. Zement und Mauersteine zum Bauen von Häusern werden aus Mineralien hergestellt. Wichtige Mineralien sind Kalk, Gips, Ton, Eisen, Gold, Silber und Kupfer. So gibt es einfarbige und bunte Steine, sogar Steine mit Mustern. Gesteinsstücke werden zunächst nach ihrer Größe unterschieden und bezeichnet. So nennt man kleine Gesteinsstücke Sand. Bei größeren Gesteinsstücken, die rundlich sind, spricht man von Kieseln oder Steinen. Große Gesteinsstücke heißen Blöcke oder Felsen.

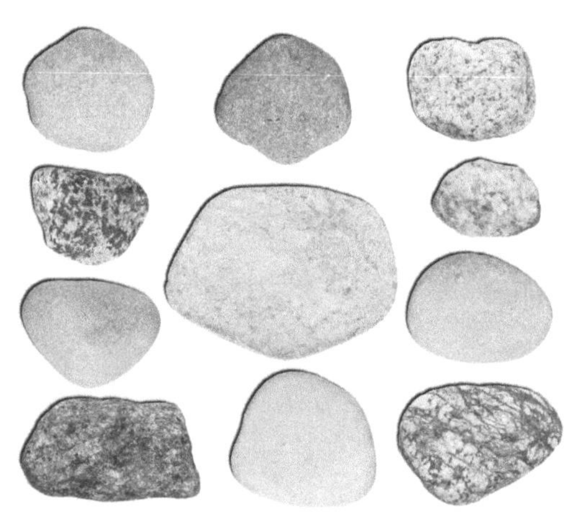

Aufgabe 1: Man kann Steine überall finden und sammeln. Schaut euch um: Wo findet ihr überall Steine?

Aufgabe 2: Wie sehen sie aus? Welche Unterschiede entdeckt ihr?

STEINZEIT AN STATIONEN Grundschule – Bestell-Nr. 12 073 KOHL VERLAG

6. Wie entstehen Steine?

!

Archäologen wissen über die Steinzeit Bescheid

A Steine können bei einem Vulkanausbruch entstehen: Bei einem Vulkanausbruch schießen heiße, flüssige Gesteinsmassen aus dem Inneren der Erde – die Lava. Wenn die Lava abgekühlt ist, ist sie hart und zu Gestein geworden.

C Steine entstehen tief unter der Erde: Auch tief im Inneren der Erde werden Schichten zusammengepresst. So werden lockere Sand- und Tonschichten zu Sandstein und Schiefer. Zu Granitgestein erstarren flüssige Magmamassen tief unter der Erdoberfläche.

B Steine entstehen im Wasser: Kleine Gesteinsteile, Mineralien und Überbleibsel von Tieren und Pflanzen lagern sich ab. Mit der Zeit werden sie immer fester zusammengepresst. Sie werden zu Ton, Sandstein, Kalkstein oder Feuerstein. Runde Kieselsteine entstehen auch im Wasser. Durch die Strömung werden die Steine gegeneinander gestoßen. So brechen die Kanten ab und es entstehen die rundlichen, glatten Kieselsteine.

D Steine entstehen durch Veränderung: Durch Hitze, Kälte, Wasser, Wind und Eis können sich Gesteine im Laufe von Millionen Jahren verändern.

Aufgabe 1:
a) Beschreibe vier Arten, wie Steine entstehen können.
b) Welche Gesteinsarten können entstehen?

5. Was ist ein Stein?

Archäologen wissen über die Steinzeit Bescheid

Lösungen

Aufgabe 1: Steine finden wir an Mauern, Hauswänden, auf Feldwegen, am See- oder Flussufer, Pflastersteine gibt es auf Straßen und Bürgersteigen.

Aufgabe 2: Eigene Antworten

STEINZEIT AN STATIONEN Grundschule – Bestell-Nr. 12 073
KOHL VERLAG

6. Wie entstehen Steine?

!

Archäologen wissen über die Steinzeit Bescheid

Lösungen

Aufgabe 1: Steine können bei einem Vulkanausbruch entstehen. Im Wasser oder tief unter der Erde entstehen sie durch starkes Zusammenpressen. Steine können sich durch Hitze, Kälte, Wasser und Eis im Laufe der Jahre verändern. Es entstehen andere Steine.

Aufgabe 2: Es entsteht Lavagestein, Ton, Sandstein, Kalkstein, Feuerstein und Granitgestein. Kieselsteine entstehen, wenn die Steine im Wasser gegeneinandergestoßen werden. So brechen die Kanten ab und die Steine werden glatt geschliffen.

STEINZEIT AN STATIONEN Grundschule – Bestell-Nr. 12 073
KOHL VERLAG

Entwicklung der Steinzeit und des Menschen

1. Die Frühgeschichte – Steinzeit, Bronzezeit, Eisenzeit

Die Steinzeit umfasst einen sehr langen Zeitraum: Sie begann vor 2,6 Millionen Jahren und endete etwa 2200 Jahre v. Chr.. Man nennt diesen Zeitabschnitt Steinzeit, weil die Menschen damals vor allem Steine als Werkzeug benutzt haben. Zunächst bearbeiteten sie noch Steine, Holz und Knochen, dann lernten sie die Vorteile des Metalls – Bronze und Eisen – als Werkzeuge und Waffen kennen. Daher stammt die Einteilung der Frühgeschichte in die drei Abschnitte Steinzeit, Bronzezeit und Eisenzeit. Der Nahe Osten war dabei Europa immer ein wenig voraus. Die folgenden Zeiten gelten für Mitteleuropa. Anschließend begann die Bronzezeit und dauerte bis etwa 800 Jahre v. Chr. Als Eisenzeit betrachtet man die Periode bis zum Beginn des Römischen Reiches, also um das Jahr 100 v. Chr.

Aufgabe 1: Notiere die verschiedenen Zeiten richtig.

Steinzeit ______________________________

Bronzezeit ______________________________

Eisenzeit ______________________________

Entwicklung der Steinzeit und des Menschen

2. Die Steinzeit – Einteilung

Im Laufe der Erdgeschichte war die Steinzeit einer der längsten Zeitabschnitte. Sie ist in drei große Abschnitte gegliedert: Altsteinzeit, Mittelsteinzeit und Jungsteinzeit. Diese beginnen aber in verschiedenen Weltgegenden zu sehr unterschiedlichen Zeitpunkten. Die Steinzeit ist die früheste Epoche der Menschheitsgeschichte. Die Altsteinzeit dauerte in Europa etwa von 2,6 Mio v. Chr. bis 9500 v. Chr., die Mittelsteinzeit von 9500 v. Chr. bis 5500 v. Chr. Die kürzeste Zeit war die Jungsteinzeit von 5500 v. Chr. bis 2200 v. Chr.

Aufgabe 1: Notiere die verschiedenen Zeiten neben/unter den Steintafeln.

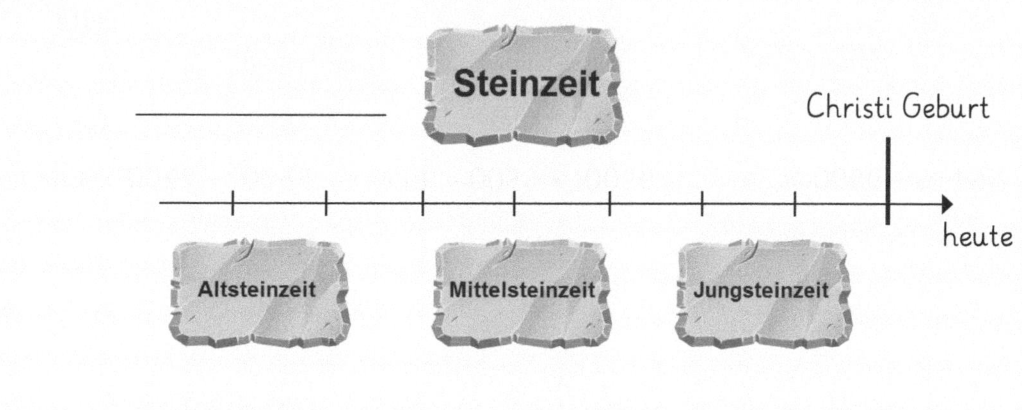

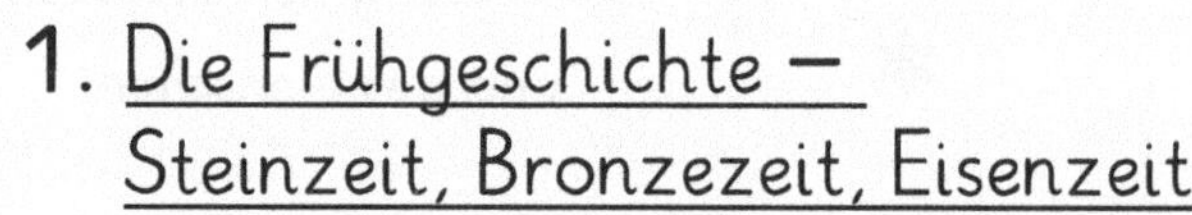

1. Die Frühgeschichte – Steinzeit, Bronzezeit, Eisenzeit

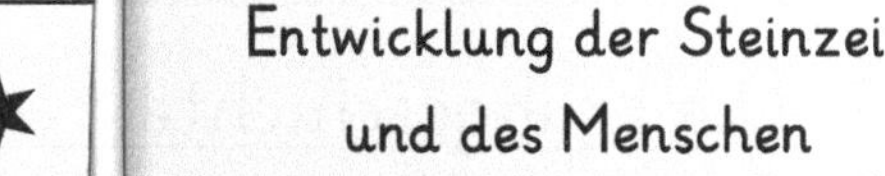

Lösungen

Aufgabe 1: Steinzeit: vor etwa 2,6 Millionen Jahre – 2200 Jahre vor Christi Geburt

Bronzezeit: etwa 2200 – 800 Jahre vor Christi Geburt

Eisenzeit: etwa 800 – 100 Jahre vor Christi Geburt

2. Die Steinzeit – Einteilung

Entwicklung der Steinzeit und des Menschen

Lösungen

Aufgabe 1:

2,6 Mio – 2200 v. Chr.

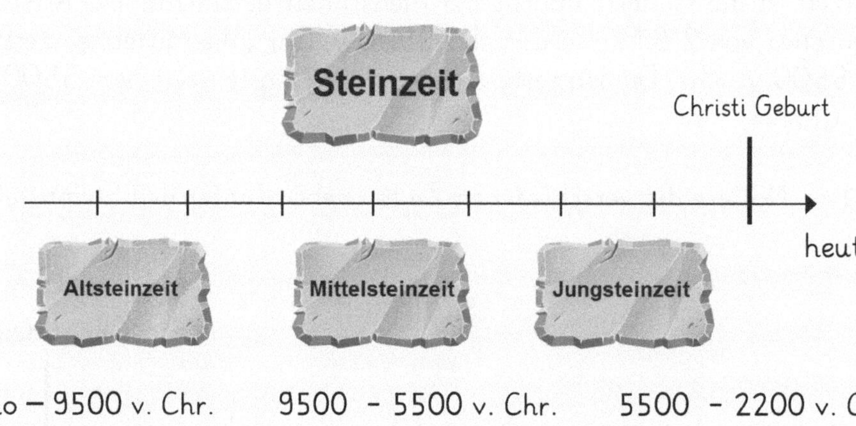

Steinzeit

Christi Geburt

heute

Altsteinzeit

Mittelsteinzeit

Jungsteinzeit

2,6 Mio – 9500 v. Chr. | 9500 - 5500 v. Chr. | 5500 - 2200 v. Chr.

KOHL VERLAG STEINZEIT AN STATIONEN Grundschule – Bestell-Nr. 12 073

3. Die Steinzeit – Überblick

Entwicklung der Steinzeit und des Menschen

Die Altsteinzeit dauerte am längsten. Die Menschen stellten erstmals Steinwerkzeuge her. Sie begannen das Feuer zu nutzen. So konnten sie auch kältere Gebiete besiedeln. Neben dem Sammeln von Früchten war die Jagd die Grundlage der Ernährung. Holzlanzen und Faustkeile waren die wichtigsten Werkzeuge. Es entstanden die ersten Höhlenmalereien.
In der Mittelsteinzeit erwärmte sich das Klima. Der Wald begann wieder zu wachsen. Die Tierarten änderten sich. Die Jagd auf Hirsche, Rehe, Wildschweine und Vögel sowie der Fischfang wurden wichtiger. Dazu spielte das Sammeln von Früchten und Beeren eine Rolle. Die Jungsteinzeit war vor allem durch die Feldarbeit, den Anbau von Pflanzen wie zum Beispiel Getreide und die Viehhaltung (Rinder, Schweine, Ziegen und Schafe) gekennzeichnet. Häuser wurden gebaut. Die Menschen wurden sesshaft.

Aufgabe 1: Nenne zu jedem der Steinzeit-Abschnitte wichtige Punkte.

Altsteinzeit	
Mittelsteinzeit	
Jungsteinzeit	

4. Die Herkunft der Menschen

Entwicklung der Steinzeit und des Menschen

naturwissenschaftliche Erklärung:

die Evolutions- (Entwicklungs-) theorie nach Charles Darwin: Lebewesen entwickelten sich aus niedrigen zu immer höheren Formen

religiöse Erklärung:

die Menschen wurden durch einen Gott erschaffen

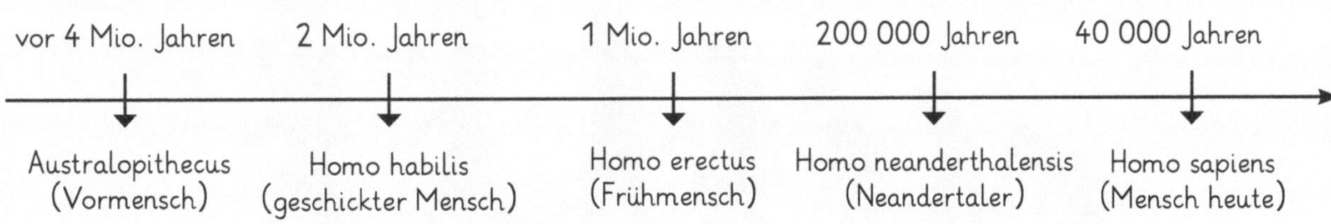

Aufgabe 1: Beantworte die Fragen schriftlich.

a) Wann gab es die ersten Vormenschen?

b) Seit wann leben die heutigen Menschen?

3. Die Steinzeit – Überblick

Entwicklung der Steinzeit und des Menschen

Lösungen

Aufgabe 1: Altsteinzeit: Feuer nutzen, erste Steinwerkzeuge

Mittelsteinzeit: Es wird wärmer, der Wald wächst, die Tierarten ändern sich

Jungsteinzeit: Die Menschen betreiben Ackerbau und Viehzucht, sie werden sesshaft

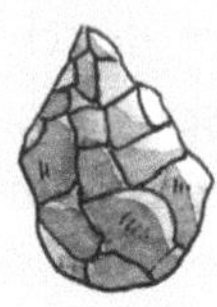
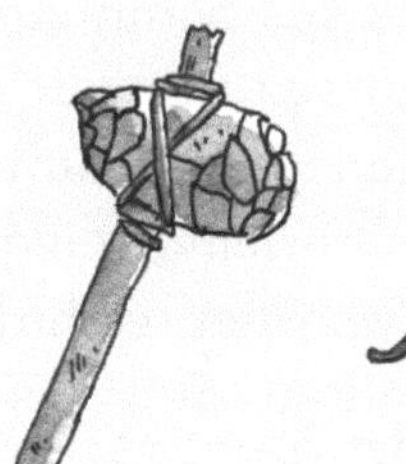

KOHL VERLAG STEINZEIT AN STATIONEN Grundschule – Bestell-Nr. 12 073

4. Die Herkunft der Menschen

Entwicklung der Steinzeit und des Menschen

Lösungen

Aufgabe 1:

a) Die ersten Vormenschen gab es vor etwa 4 Millionen Jahren.

b) Der Homo sapiens, der heutige Mensch, lebt seit etwa 40.000 Jahren.

KOHL VERLAG STEINZEIT AN STATIONEN Grundschule – Bestell-Nr. 12 073

Entwicklung der Steinzeit und des Menschen

5. Die Entwicklung der Menschen

!

Die Entwicklung der Menschheit begann schon lange vor der Steinzeit: Vor etwa 4,4 Millionen Jahren treten erste Frühmenschen auf. Die Menschen stammen übrigens nicht vom Affen ab! Vor vielen, vielen Jahren teilte sich die Entwicklung. Menschen und Affen entwickelten sich getrennt weiter. Es lebten die ersten „Vormenschen". Die Altsteinzeit war die Zeit des "Homo habilis", der geschickten Menschen. Später gingen die Menschen aufrecht und man nannte sie "Homo erectus", aufrechte Menschen. Die Neandertaler waren eine Art Verwandte, sie starben auch bald wieder aus. Mit dem Auftreten des modernen Menschen, des "Homo sapiens", entstand unsere heutige Menschheit.

Aufgabe 1: Bringe die Bilder in die richtige Reihenfolge und beschrifte richtig.

Vormensch – geschickte Menschen – aufrechte Menschen – Neandertaler – moderne Menschen

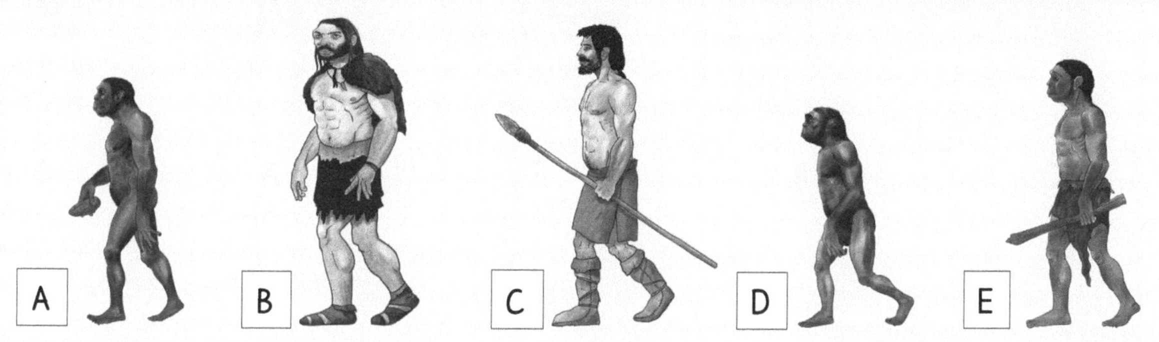

Entwicklung der Steinzeit und des Menschen

6. Unsere Vorfahren – „Ardi" und „Lucy"

!

Die Entwicklung von Menschen und Menschenaffen trennte sich vor etwa 5-7 Millionen Jahren. Ein 4,4 Millionen Jahre altes Skelett ist unser ältester bekannter Vorfahre. "Ardi", wie Forscher ihre 4,4 Millionen Jahre alte Entdeckung in Afrika, im Norden von Äthiopien, nennen, konnte einst so gut klettern wie ein Affe, aber laufen konnte er auch schon. Dieses Wesen ist der Vorläufer des Menschen. Ardi war etwa 1,20 Meter hoch und 50 Kilogramm schwer. 1994 wurden die ersten Knochen gefunden. 3,2 Millionen Jahre alt ist das Skelett, das Lucy genannt wird. Lucy wurde 1974 ebenfalls in Äthiopien entdeckt. Sie war ungefähr 1,05 m groß und wog ca. 27 kg. Weil im Lager der Forscher das Beatles-Lied "Lucy in the sky with diamonds" lief, nannten die Forscher den Fund „Lucy".

Aufgabe 1:

a) Wie stellst du dir Ardi und Lucy vor? Male sie auf ein großes Blatt.

b) Wo wurden unsere ältesten Vorfahren entdeckt?

c) Wer wurde zuerst entdeckt, Ardi oder Lucy?

d) Wer von den beiden ist älter?

Entwicklung der Steinzeit und des Menschen

5. Die Entwicklung der Menschen

Lösungen

Aufgabe 1:

moderner Mensch (Homo sapiens)	Neandertaler	aufrechter Mensch (Homo erectus)	Geschickter Mensch (Homo habilis)	Vormensch
C	B	E	A	D

Entwicklung der Steinzeit und des Menschen

6. Unsere Vorfahren – „Ardi" und „Lucy"

Lösungen

Aufgabe 1:

a) siehe unten

b) Unsere ersten Vorfahren entdeckte man in Afrika, in Äthiopien

c) 1974 wurde Lucy entdeckt, 1994 Ardi. Also wurde Lucy zuerst gefunden.

d) Ardis Skelett ist etwa 4,4 Millionen Jahre alt, Lucys nur 3,2 Millionen Jahre. So ist Ardi älter als Lucy.

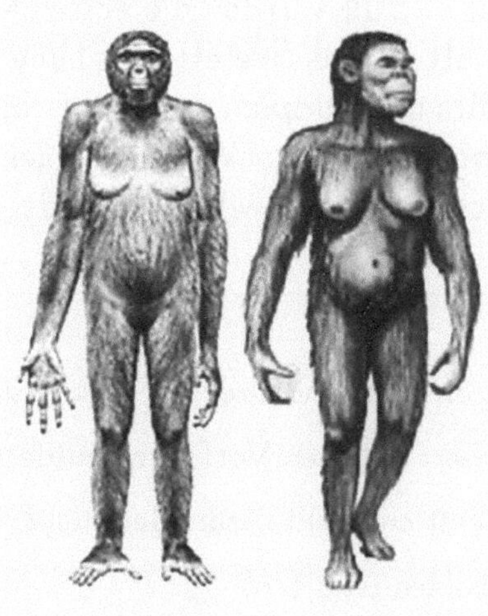

KOHL VERLAG STEINZEIT AN STATIONEN Grundschule – Bestell-Nr. 12 073

1. Die Altsteinzeit von 2.600.000 bis 9500 v. Chr.

!

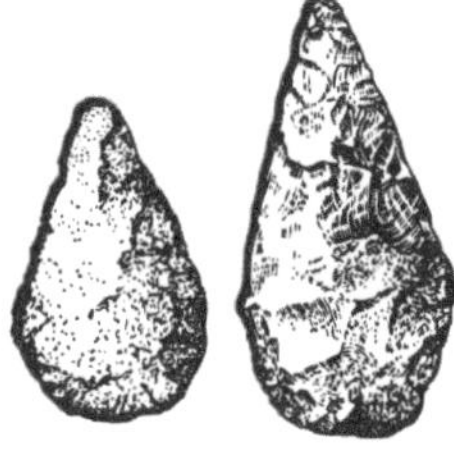

In der Altsteinzeit breiteten sich verschiedene Arten von Menschen von Afrika über die ganze Welt aus. Sie lebten als Jäger und Sammler. Grobe Steinwerkzeuge wie der Faustkeil halfen den Menschen. Die ersten Menschen, die Werkzeuge nutzten, waren die „Geschickten Menschen" (Homo habilis). Der nachfolgende Homo erectus (der aufrechte Mensch) hat bereits Werkzeuge und Feuer genutzt. Zu dieser Zeit sollen nur wenige zehntausend Menschen auf der Erde gelebt haben.

Homo erectus

Homo habilis

Aufgabe 1:

a) Was bedeutet „Homo habilis"?

b) Was nutzte er schon?

c) Was bedeutet „Homo erectus"?

d) Was nutzte der "Homo erectus"?

e) Wie viele Menschen gab es damals auf der Welt?

f) Wie viele Menschen leben heute auf der Erde?

Rund um die Altsteinzeit

2. Leben in der Altsteinzeit

Man nimmt an, dass die Frauen die Aufgabe des Sammelns übernahmen und die Männer auf die Jagd gingen. Aber beide hatten eine wichtige Aufgabe: Sammler mussten eine Menge über die Natur wissen, denn nur so konnten sie giftige Pflanzen von essbaren unterscheiden. Jäger mussten Spuren lesen und das Verhalten der einzelnen Tiere einschätzen können. Die Steinzeitmenschen mussten dabei den wandernden Tierherden folgen, um zu jagen und Nahrung zu erhalten. Der Mensch in der Altsteinzeit war also ein "Nomade" – ein Umherziehender ohne festen Wohnsitz.

Aufgabe 1: Setze richtig in den Lückentext ein.

Nomaden – Mammuts – Steinzeit – Tierherden – Jagdgebieten – Fleisch – Früchte – Gruppen – Höhlen

Die Menschen ernährten sich in der ________________ von Pflanzen und dem ______________ von erlegten Tieren. Sie folgten den ______________ auf ihrer Futtersuche und sammelten Pilze, Beeren und ________________. Sie hatten deshalb keine festen Wohnsitze und waren ständig unterwegs zu neuen ________________. Solche Menschen nennt man ________________. Gemeinsam war es leichter, größere Tiere wie etwa ________________ zu erlegen. Deshalb schlossen sich die Menschen in ________________ zusammen und gingen gemeinsam auf die Jagd. Schutz vor Kälte, wilden Tieren und anderen Gefahren suchten die Steinzeitmenschen oft in ________________.

KOHL VERLAG Lernen mit Erfolg – STEINZEIT AN STATIONEN Grundschule – Bestell-Nr. 12 073

1. Die Altsteinzeit von 2.600.000 bis 9500 v. Chr.

!

Rund um die Altsteinzeit

Lösungen

Aufgabe 1:

a) Homo habilis bedeutet „geschickter Mensch".

b) Er nutzte schon Steinwerkzeug wie den Faustkeil.

c) Homo erectus bedeutet „aufrechter Mensch".

d) Er nutzte weitere Steinwerkzeuge und das Feuer.

e) Es sollen nur wenige 10.000 Menschen damals gelebt haben.

f) Es leben zur Zeit (2017) etwa 7,47 Milliarden Menschen auf unserer Erde.

2. Leben in der Altsteinzeit

Rund um die Altsteinzeit

Lösungen

Aufgabe 1: Die Menschen ernährten sich in der **Steinzeit** von Pflanzen und dem **Fleisch** von erlegten Tieren. Sie folgten den **Tierherden** auf ihrer Futtersuche und sammelten Pilze, Beeren und **Früchte**. Sie hatten deshalb keine festen Wohnsitze und waren ständig unterwegs zu neuen **Jagdgebieten**. Solche Menschen nennt man **Nomaden**. Gemeinsam war es leichter, größere Tiere wie etwa **Mammuts** zu erlegen. Deshalb schlossen sich die Menschen in **Gruppen** zusammen und gingen gemeinsam auf die Jagd. Schutz vor Kälte, wilden Tieren und anderen Gefahren suchten die Steinzeitmenschen oft in **Höhlen**.

3. Die Neandertaler !

Rund um die Altsteinzeit

Im Neandertal bei Düsseldorf fanden Arbeiter im Jahre 1856 im Steinbruch in einer Höhle das Skelett eines Menschen. Offensichtlich hatte der Mensch vor sehr langer Zeit gelebt. Die Neandertaler (Homo sapiens neandertalensis) lebten ungefähr von 200.000 bis 40.000 vor Christus. Die ältesten Menschenknochen, die man in Europa gefunden hat, sind ungefähr 800.000 Jahre alt. Aus den Menschen, die damals in Europa lebten, entwickelte sich der Neandertaler. Die Neandertaler waren ein bisschen kleiner als wir und hatten viel mehr Muskeln. Sie wurden bis etwa 1,60 Meter groß und wogen bis zu 80 Kilogramm. Die Neandertaler waren vor allem in Europa und Vorderasien verbreitet und besonders gut an ein Leben in eiszeitlichen Kältesteppen angepasst.

Aufgabe 1: Beantworte die folgenden Fragen.

a) Wann lebten die Neandertaler?

b) Wo waren sie vor allem verbreitet?

c) Wie groß und wie schwer wurden die Neandertaler?

KOHL VERLAG STEINZEIT AN STATIONEN Grundschule – Bestell-Nr. 12 073

4. Das Leben der Neandertaler

Rund um die Altsteinzeit

Oft herrscht die Vorstellung, die Neandertaler wären, ihre Keulen schwingend, durch den Wald gezogen. Keulen brauchten sie aber gar nicht. Neandertaler waren erstklassige Werkzeugmacher, die für die Jagd Speere mit Steinspitzen anfertigten. Einige Steinwerkzeuge hatten sehr scharfe Klingen. Neandertaler waren auch geschickte Jäger: Wollnashörner, Mammuts und Rentiere gehörten zu ihrer Beute. Schon damals bauten sich die Menschen einfache Schutzdächer oder Zelte. Manchmal suchten sie auch in Höhlen Schutz vor dem Wetter. Die Menschen wohnten aber immer nur kurz in Höhlen, die meiste Zeit zogen sie durch die Gegend, den großen Tierherden nach. Sie machten schon Feuer und garten ihre Nahrung. Sie konnten ihr Fleisch aufspießen und direkt ins Feuer halten oder es in der Holzkohleglut oder der heißen Asche grillen. Als erste Bratpfannen könnten heiße Steine gedient haben.

Aufgabe 1: Schreibe die Sätze richtig in dein Heft.
Achtung: In jedem Satz stimmt etwas nicht.

a) Die Neandertaler waren gute/schlechte Werkzeugmacher.

b) Sie jagten Mammuts, Schafe, Wollnashörner, Rentiere, Pferde und Esel.

c) Sie wohnten in Hochhäusern, Höhlen, Schiffen, Zelten und Villen.

d) Ihre Nahrung bereiteten sie in Töpfen, an Spießen, in Pfannen oder in der heißen Asche zu.

KOHL VERLAG STEINZEIT AN STATIONEN Grundschule – Bestell-Nr. 12 073

3. Die Neandertaler

!

Rund um die Altsteinzeit

Lösungen

Aufgabe 1:

a) Die Neandertaler lebten ungefähr von 200.000 bis 40.000 vor Christus.

b) Die Neandertaler waren vor allem in Europa und Vorderasien verbreitet.

c) Sie wurden bis etwa 1,60 Meter groß und wogen bis zu 80 Kilogramm.

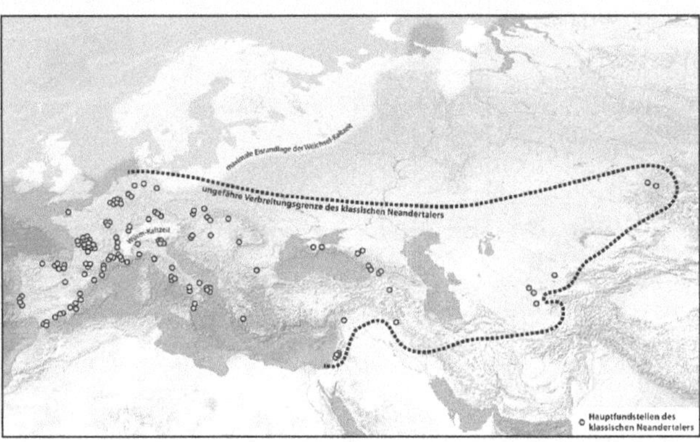

4. Das Leben der Neandertaler

Rund um die Altsteinzeit

Lösungen

Aufgabe 1: So sind die Aussagen richtig:

a) Die Neandertaler waren gute Werkzeugmacher.

b) Sie jagten Mammuts, Wollnashörner und Rentiere.

c) Sie wohnten in Höhlen oder Zelten.

d) Ihre Nahrung bereiteten sie an Spießen oder in der heißen Asche zu.

KOHL VERLAG Lernen mit Erfolg
STEINZEIT AN STATIONEN Grundschule – Bestell-Nr. 12 073

5. Die Tiere der Altsteinzeit

Rund um die Altsteinzeit

Das **Mammut** war das größte und bekannteste Tier der Steinzeit. Weibchen (Kühe) und Jungtiere lebten in Herden, die Männchen (Bullen) waren Einzelgänger. Die Menschen nutzten vom Mammut Fleisch, Fell, Knochen, Stoßzähne und Sehnen. Das Steppenmammut, das in Eurasien lebte, war das größte. Es wurde bis zu 4,5 m hoch und brachte ein geschätztes Gewicht von 15 Tonnen auf die Waage. Wollhaarmammuts, die auch in unserer Gegend lebten, wurden bis zu 3,5 m lang, knapp 4 m hoch und konnten 8 Tonnen wiegen. Sie hatten etwa 2 m lange Stoßzähne und braunes Fell. Sie waren ausschließlich Pflanzenfresser, ihre Nahrung bestand aus Gräsern und Sträuchern.

Aufgabe 1: Erstelle einen Steckbrief zum Wollhaarmammut. Dazu gehören Größe, Länge der Zähne, Gewicht, Aussehen, Nahrung und ein Bild.

Aufgabe 2: Nehmt ein Maßband von 5 oder 10 Metern Länge, ein Stück Kreide und zeichnet auf dem Schulhof ein Steppenmammut auf.

STEINZEIT AN STATIONEN Grundschule – Bestell-Nr. 12 073
KOHL VERLAG

6. Wollnashorn und Riesenhirsch

Rund um die Altsteinzeit

Wollnashörner waren ausschließlich Pflanzenfresser. Ein dichtes braunes Fell schützte das Wollnashorn vor der Kälte der Eiszeit. Die Tiere lebten meist als Einzelgänger oder in kleinen Gruppen. Ihre Schulterhöhe betrug bis zu 2 Meter. Wollnashörner lebten vor 500.000 - 10.000 Jahren in den Kältesteppen und Tundren Europas und Asiens.

Auch **Riesenhirsche** waren reine Pflanzenfresser. Ihre Schulterhöhe betrug bis zu 2,1 Meter. Mit ihrem Geweih, das bis zu 50 kg wiegen konnte und an die 4 Meter breit war, lebten sie mehr in der Steppe und nicht im dichten Wald. Der Riesenhirsch konnte wie alle heutigen Hirsche das riesige Geweih jedes Jahr abwerfen und neu wachsen lassen.

Aufgabe 1: Richtig oder falsch? Kreuze an.

		richtig	falsch
a)	Das Wollnashorn hatte ein dichtes, schwarzes Fell.		
b)	Das Geweih der Riesenhirsche konnte bis zu 4 m breit werden.		
c)	Wollnashörner lebten in großen Herden.		
d)	Der Riesenhirsch fraß besonders gerne Kaninchen.		
e)	Wollnashörner waren reine Pflanzenfresser.		
f)	Hirsche werfen ihr Geweih jedes Jahr ab und bilden es neu.		

STEINZEIT AN STATIONEN Grundschule – Bestell-Nr. 12 073
KOHL VERLAG

5. Die Tiere der Altsteinzeit

Lösungen

Aufgabe 1: Das Wollhaarmammut:

Größe: Bis 3,5 m lang und bis 4 m hoch
Gewicht: Bis zu 8 Tonnen
Aussehen: Braunes Fell
Zähne: 2 m lange Stoßzähne
Nahrung: Gräser und Sträucher

6. Wollnashorn und Riesenhirsch

Rund um die Altsteinzeit

Lösungen

Aufgabe 1:

		richtig	falsch
a)	Das Wollnashorn hatte ein dichtes, schwarzes Fell.		X
b)	Das Geweih der Riesenhirsche konnte bis zu 4 m breit werden.	X	
c)	Wollnashörner lebten in großen Herden.		X
d)	Der Riesenhirsch fraß besonders gerne Kaninchen.		X
e)	Wollnashörner waren reine Pflanzenfresser.	X	
f)	Hirsche werfen ihr Geweih jedes Jahr ab und bilden es neu.	X	

KOHL VERLAG STEINZEIT AN STATIONEN Grundschule – Bestell-Nr. 12 073

7. Säbelzahnkatzen und Höhlenbären

Rund um die Altsteinzeit

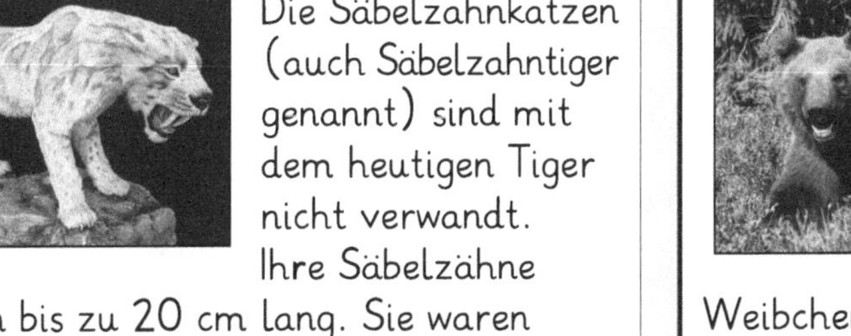

Die Säbelzahnkatzen (auch Säbelzahntiger genannt) sind mit dem heutigen Tiger nicht verwandt. Ihre Säbelzähne wurden bis zu 20 cm lang. Sie waren aber ziemlich weich und konnten so **l**eicht abbrechen. Die Tiere fraßen daher **n**ur die weichen Fleischteile ihrer Beute, während sie den Rest für Aasfresser zurückließen. Wie die Löwen h**e**ute jagten sie im **R**udel.

Die frü**h**eren Höhlenbären wurden bis zu 3,50 m groß. Männchen streiften alleine durch ihren Lebensraum, die Weibchen waren in Begleitung ihres Nachwuchses unterwegs. In den kalte**n** Wintermonaten hielten Höhlenbären **W**interruhe. Dafür fraßen sie sich im Sommer und Herbst eine dicke Spe**c**kschicht an. Meist ernährten sie sich von pflanzlicher Nahrung.

Aufgabe 1: In beiden Texten oben findest du dick gedruckte Buchstaben. Lies sie – für jeden Text – hintereinander. Du findest zwei weitere Tiere, die in der Steinzeit lebten.

A ______________________ B ______________________

8. Tierspuren der Steinzeit

Rund um die Altsteinzeit

Aufgabe 1: Diese Tiere hinterließen ihre Spuren. Die Menschen in der Steinzeit kannten sie. Kennst du die Tiere und kannst die Spuren richtig zuordnen?

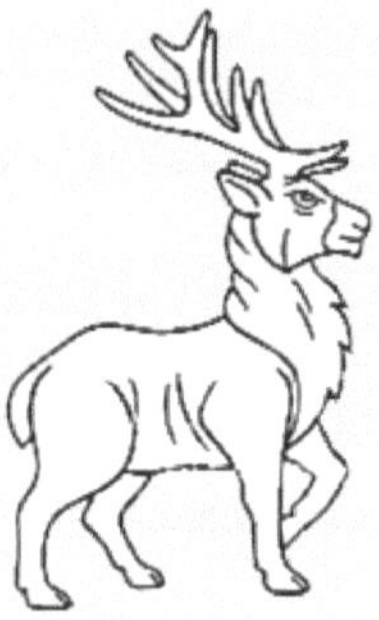

A B C D E

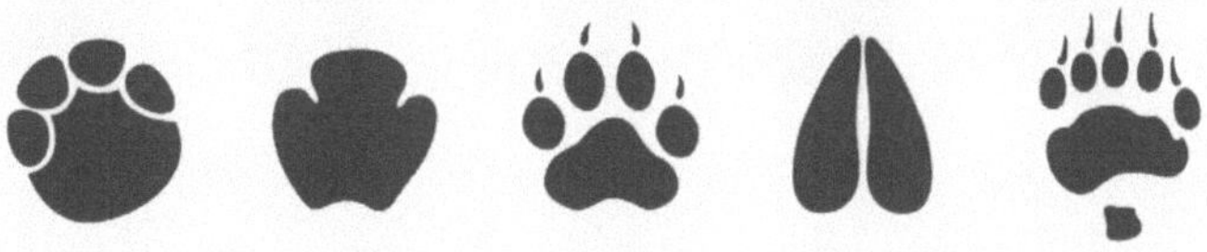

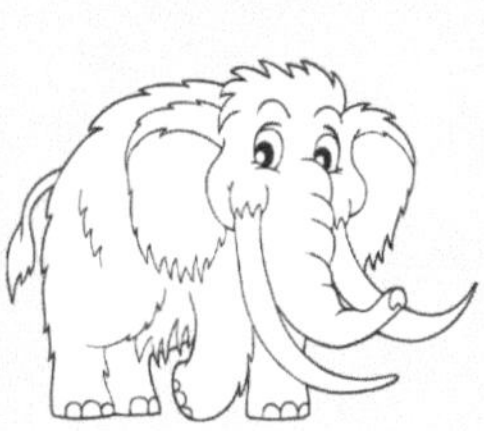

☐ ______________________

☐ ______________________

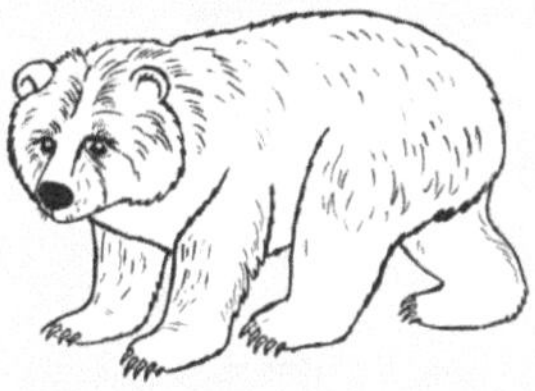

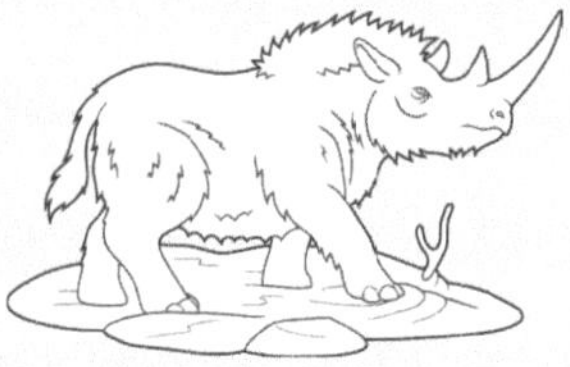

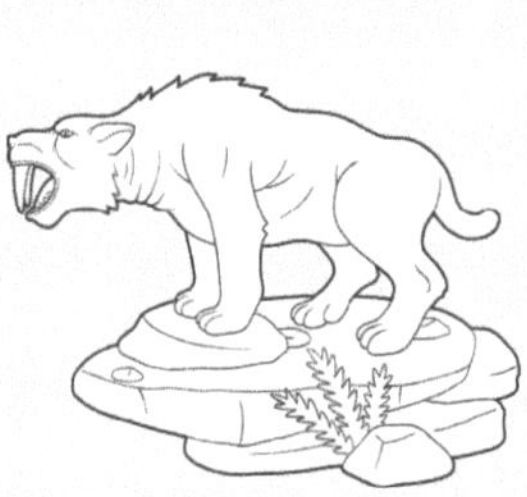

☐ ______________________

☐ ______________________

☐ ______________________

7. Säbelzahnkatzen und Höhlenbären 

Rund um die Altsteinzeit

Lösungen

Aufgabe 1: Im Text über die Säbelzahnkatze findet sich das Rentier, bei den Höhlenbären ergibt sich der Höhlenlöwe.

 Rentier

 Höhlenlöwe

8. Tierspuren der Steinzeit

Rund um die Altsteinzeit

Lösungen

Aufgabe 1:

A B C D E

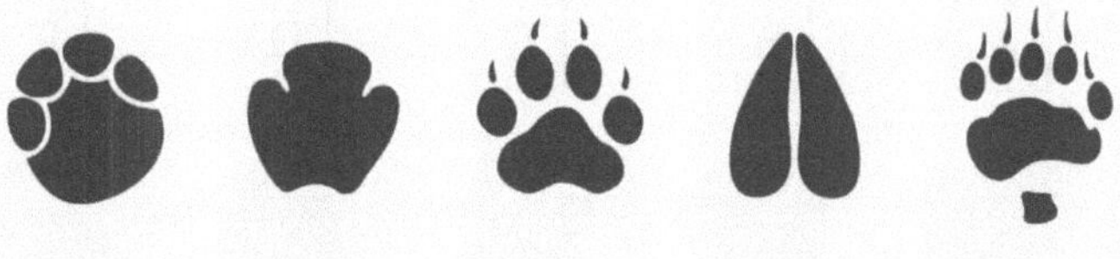

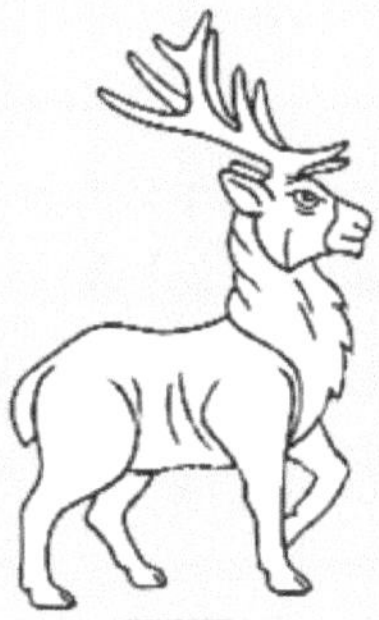

D Riesenhirsch

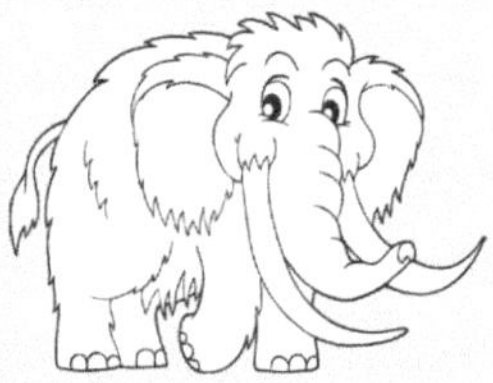

A Mammut

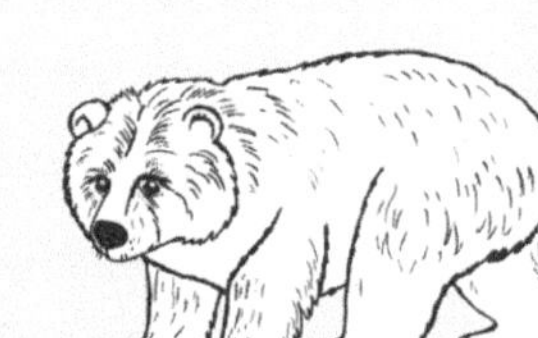

E Höhlenbär

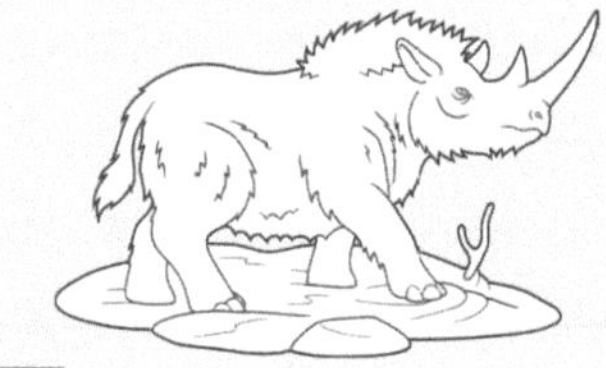

B Wollnashorn

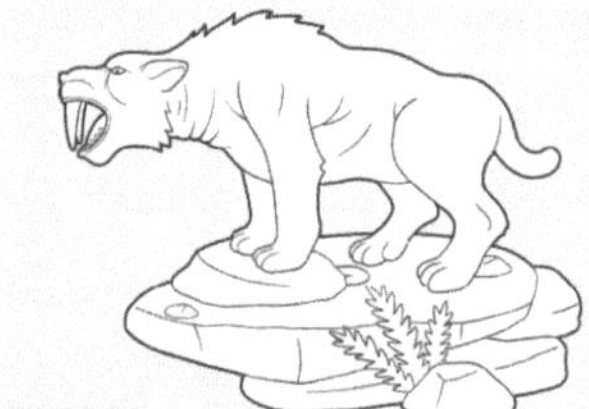

C Säbelzahntiger

9. Wohnen in der Altsteinzeit

Die Menschen lebten in kleinen Gruppen und zogen, ihrer Jagd-Beute folgend, umher. Höhlen wurden schon seit frühester Zeit als Unterschlupf genutzt. Doch man fand auch Steinkreise, die als Reste von Behausungen angesehen werden können. Dabei wurden schon vor zwei Millionen Jahren Äste oder kleine Stämme durch Steine oder Tiersehnen befestigt und mit Blättern oder Fellen bedeckt. Das bildete einen Unterschlupf, der vor Kälte schützte.
Die älteste Hütte Europas ist etwa 600.000 Jahre alt und wurde bei Prag (Tschechien) gefunden.

Aufgabe 1: Zeichne aus den folgenden Dingen eine Unterkunft: kleine Baumstämme, Steine, Felle, Blätter, Schnüre (Tiersehnen oder biegsame Zweige)

KOHL VERLAG STEINZEIT AN STATIONEN Grundschule – Bestell-Nr. 12 073

10. Werkzeuge und Waffen

In der Altsteinzeit begannen die Menschen, Steine als Werkzeuge zu benutzen – das war ein wichtiger Schritt in der Entwicklung. Damit sind natürlich nicht Werkzeuge gemeint, wie wir sie heute nutzen, etwa eine Zange oder ein Schraubenzieher. Die Werkzeuge waren viel einfacher, aber dennoch schon sehr nützlich und wichtig für den Alltag der damaligen Menschen. Die ersten Werkzeuge waren einfach Steine, die auf einer Seite eine abgeschlagene Kante hatten. Dadurch wurde der Stein geschärft und man konnte ihn als Messer einsetzen. Man weiß nicht, ob dieses Werkzeug durch Zufall entstand oder ob die Menschen sich überlegt hatten, wie sie einen Stein für sich nutzbar machen können.

Aufgabe 1: Was konnten die Menschen mit den Werkzeugen alles tun? Schreibe einen Satz (oder mehrere Sätze) und benutze dazu folgende Wörter.

spalten – schaben – teilen – schneiden – klopfen – aufschlagen – zerstoßen – Felle – Holz – Fleisch – Wurzeln – Nüsse – Körner – Früchte

KOHL VERLAG STEINZEIT AN STATIONEN Grundschule – Bestell-Nr. 12 073

9. Wohnen in der Altsteinzeit

Rund um die Altsteinzeit

Lösungen

Aufgabe 1: Vorschlag:

KOHL VERLAG
STEINZEIT AN STATIONEN Grundschule – Bestell-Nr. 12 073

10. Werkzeuge und Waffen

Rund um die Altsteinzeit

Lösungen

Aufgabe 1: Mit den Werkzeugen konnten die Menschen...

... Holz spalten
... Wurzeln teilen
... Früchte schneiden
... Felle schaben
... Fleisch klopfen
... Nüsse aufschlagen
... Körner zerstoßen

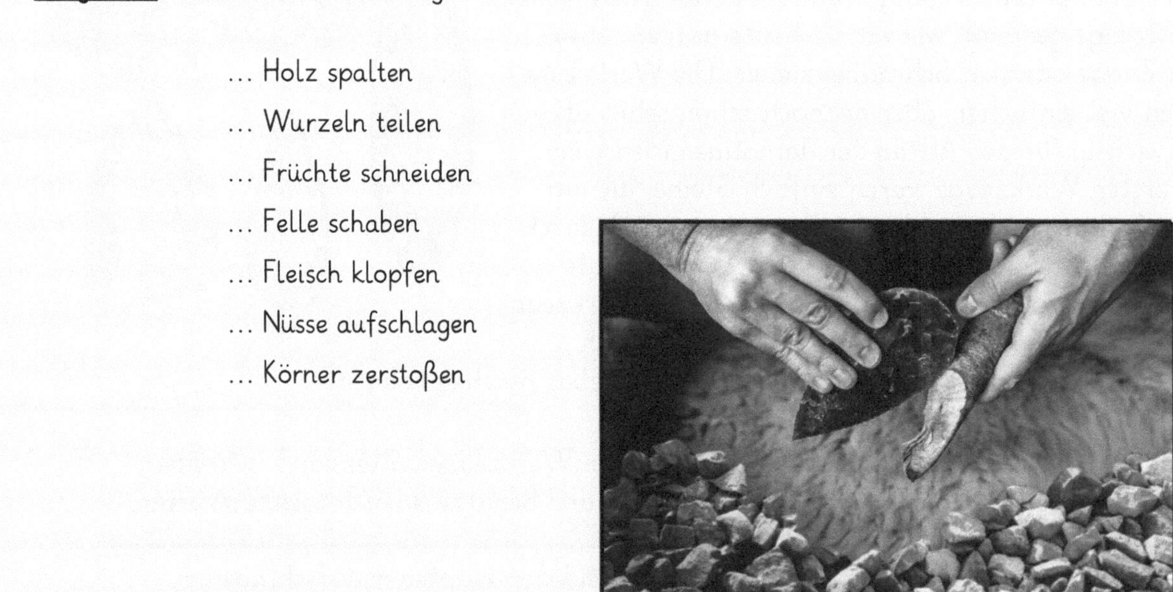

KOHL VERLAG
STEINZEIT AN STATIONEN Grundschule – Bestell-Nr. 12 073

11. Die Nahrung der Menschen

Rund um die Altsteinzeit

Die Menschen ernährten sich von allem, was sich in ihrem Umfeld finden ließ: Pflanzen, Früchte, Samen, Beeren, Wurzeln, Pilze, Honig, Eier, Fleisch und Fisch. Die Ernährung der Steinzeit-Menschen soll überwiegend aus Fleisch bestanden haben.

Aufgabe 1: Finde im Buchstabengitter die Nahrung der Steinzeit-Menschen.

P	F	L	A	N	Z	E	N	D	F	W
I	B	B	J	U	S	A	R	K	L	U
L	E	M	F	R	Ü	C	H	T	E	R
Z	E	O	I	T	E	I	E	R	I	Z
E	R	R	S	A	M	E	N	N	S	E
R	E	S	C	H	U	L	L	E	C	L
E	N	I	H	O	N	I	G	X	H	N

STEINZEIT AN STATIONEN Grundschule – Bestell-Nr. 12 073
KOHL VERLAG

12. Steinzeitnahrung gibt´s auch heute

Rund um die Altsteinzeit

In der Steinzeit ernährten sich die Menschen von natürlichen Nahrungsmitteln: Früchte, Blatt- und Wurzelgemüse, Nüsse sowie ein gelegentliches Vogelei, Fisch und Fleisch von Kleintieren. Auch heute gibt es Menschen, die nur von naturbelassenen Nahrungsmitteln leben, viel Fleisch essen und auf Milch- und Getreideprodukte verzichten, weil es die in der Altsteinzeit noch nicht gab. Zucker gab es natürlich auch noch nicht. Wenn man sich solche „Paleo-Rezepte" anschaut, sehen die doch schwierig aus. So viel Aufwand trieben die Menschen früher bestimmt nicht.

Aufgabe 1: Stelle für einen Tag ein Essen zusammen, wie die Menschen es früher wohl gegessen haben:

Morgens	
Mittags	
Abends	
Zwischendurch	

STEINZEIT AN STATIONEN Grundschule – Bestell-Nr. 12 073
KOHL VERLAG

11. Die Nahrung der Menschen 

Rund um die Altsteinzeit

Lösungen

Aufgabe 1:

P	F	L	A	N	Z	E	N		F	W
I	B								L	U
L	E		F	R	Ü	C	H	T	E	R
Z	E		I		E	I	E	R	I	Z
E	R		S	A	M	E	N		S	E
	E		C						C	L
	N		H	O	N	I	G		H	N

12. Steinzeitnahrung gibt´s auch heute !

Rund um die Altsteinzeit

Lösungen

Aufgabe 1: Essen in der Steinzeit:

Morgens: Eier mit Pilzen

Mittags: Fisch mit Salat

Abends: Gebratenes Fleisch mit Wurzelgemüse

Zwischendurch: ein paar Beeren, andere Früchte oder Nüsse

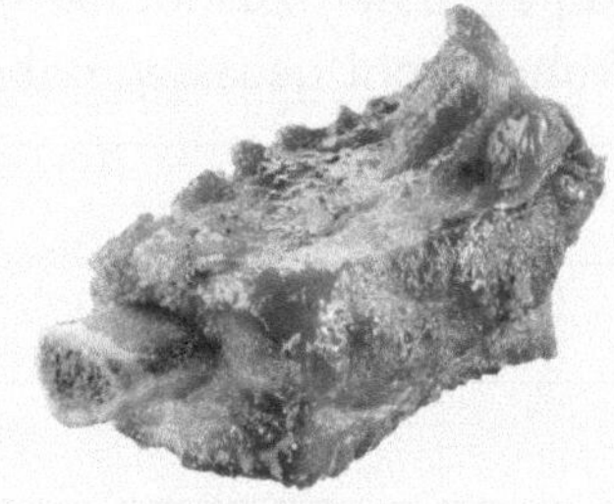

13. Die Höhle von Lascaux ! ★

Rund um die Altsteinzeit

Die Malereien in der Höhle von Lascaux in Frankreich sind etwa 19 000 v. Chr. entstanden. Sie zeigen vor allem Auerochsen, Wildpferde und Hirsche. Die Höhle wurde 1940 von vier jungen Männern entdeckt. Im Wald bei Lascaux in der Dordogne fanden sie ein Loch im Erdboden. Die vier Jugendlichen gruben ein bisschen und schlüpften schließlich hinein. So fanden sie den Raum der Stiere und drangen von hier in immer weitere Räume vor. Insgesamt fand man später mehr als 2000 gemalte oder geritzte Tierzeichnungen. Manche Tiere sind fast fünf Meter groß. Durch den Besucherstrom der folgenden Jahre wurde der Zustand der Bilder immer schlechter. 1963 schloss man die Höhle. Eine originalgetreue Nachbildung der Höhle kann jedoch seit 1983 ganz in der Nähe besichtigt werden. Lascaux II wurde in einem benachbarten Steinbruch angelegt.

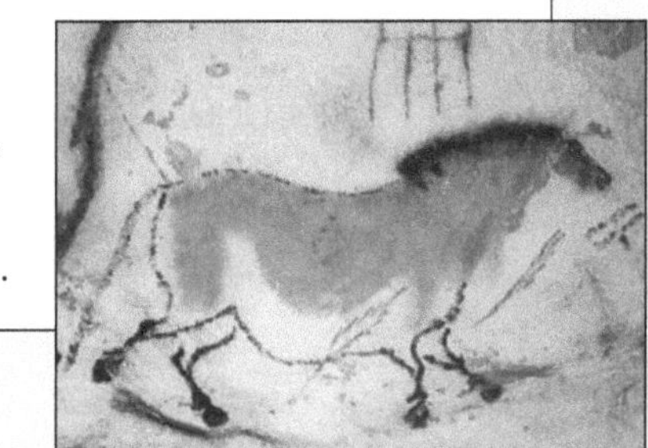

Aufgabe 1: Berichte, wie die Höhle entdeckt wurde. Scheibe in der Wir-Form

Aufgabe 2: Du findest einige Zahlen im Text. Lies aufmerksam und addiere alle. Welche Zahl erhältst du?

STEINZEIT AN STATIONEN Grundschule – Bestell-Nr. 12 073
KOHL VERLAG

14. Höhlenmalerei

Rund um die Altsteinzeit

Aufgabe 1: Wir malen wie die Steinzeitmenschen.

Ihr braucht:

- eine Pappe, etwa DIN A4 bis DIN A3
- eine alte Zeitung
- Kleister und Sand
- einen Farbkasten, Pinsel, Bleistift

So geht es:

- Nimm die Zeitung als Unterlage und lege die Pappe darauf.
- Bestreiche die Pappe großzügig mit Kleister.
- Streue darauf gleichmäßig den Sand.
- Gut trocknen lassen, dann vorsichtig den überflüssigen Sand abkippen.
- Mit dem Bleistift nun vorsichtig die Umrisse zeichnen.
- Mit Rot, Gelb, verschiedenen Brauntönen und einem Borstenpinsel kannst du nun die verschiedenen Höhlenmalereien auftupfen. Nimm wenig Wasser, sonst verlaufen die Farben im Sand!

STEINZEIT AN STATIONEN Grundschule – Bestell-Nr. 12 073
KOHL VERLAG

13. Die Höhle von Lascaux

! ★

Rund um die Altsteinzeit

Lösungen

Aufgabe 1: Wir wanderten mit unserer Ausrüstung durch den Wald, als wir am Wegesrand ein großes Loch entdeckten. Schnell gruben wir ein wenig Erde zur Seite und fanden einen Gang. Wir schauten uns Wände und Decke genau an und schlüpften schließlich in die Höhle. Wir gelangten in einen großen Raum mit vielen gemalten Stieren an den Wänden. Neugierig sahen wir uns um. Was hatten wir denn hier gefunden? Eilig machten wir uns auf den Rückweg und meldeten unsere Entdeckung.

Aufgabe 2: 19.000 + 1940 + (4) + 2000 + 1963 + 1983 = (**26.890**) oder **26.886**

14. Höhlenmalerei

Rund um die Altsteinzeit

Lösungen

Aufgabe 1: Hier noch ein Bild aus der Höhle von Lascaux zum Ausmalen.

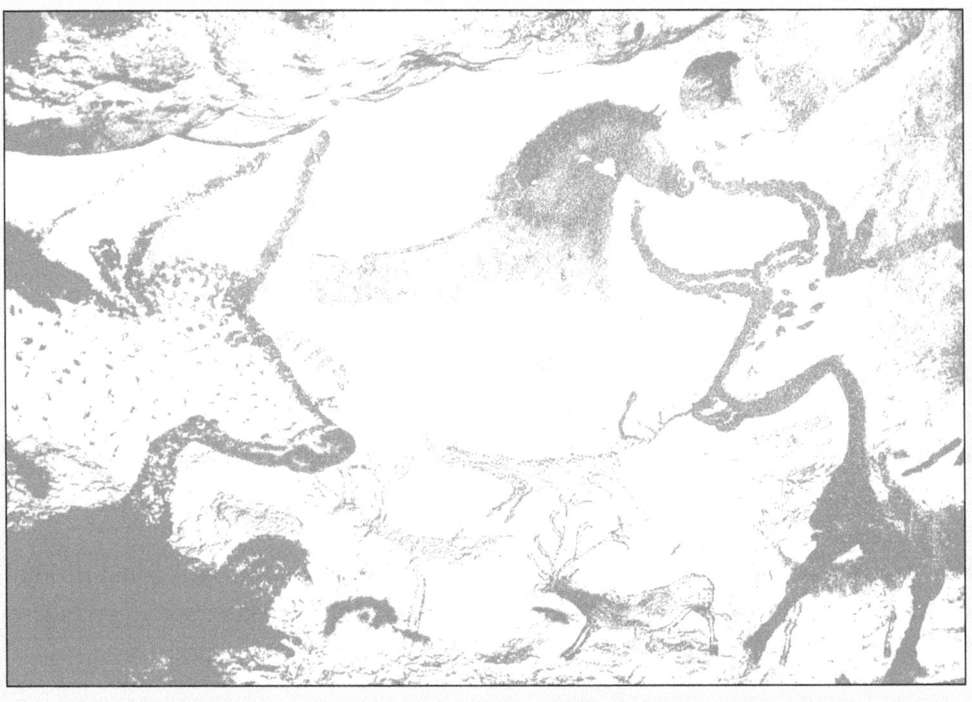

KOHL VERLAG Lernen mit Erfolg STEINZEIT AN STATIONEN Grundschule – Bestell-Nr. 12 073

15. Das Feuer

Rund um die Altsteinzeit

Feuer kannten die Menschen früher nur, wenn ein Vulkan ausbrach oder ein Blitz einschlug und Bäume, Holz oder Gras entzündete. Der Mensch hat das Feuer nicht entdeckt oder erfunden, sondern erkannt, wie er es gebrauchen kann. Homo erectus war der erste, der das Feuer für sich nutzte. Doch er hat wohl sein Lagerfeuer entzündet, indem er Zweige in natürlich brennendes Feuer hielt oder glühende Holzstücke mitnahm. Das Feuer wurde „gehütet", meist von den Frauen oder größeren Kindern. Es gab auch Feuerhüter, die darauf achten mussten, dass das Feuer nie ausging. Ab etwa 700 000 v. Chr. schaffte es der Mensch dann, selber ein Feuer zu entzünden.

Das Feuer war für die Menschen damals sehr wichtig. Sie merkten, dass Feuer Licht und Wärme spendete. Feuer bot zugleich Schutz vor Raubtieren und Insekten. Feuer kochte ihre Speisen. Im Dunkeln konnten sie sich mit Hilfe einer Flamme besser zurechtfinden.

Aufgabe 1:

a) Welche Vorteile brachte das Feuer für die Menschen früher?

b) Schreibe eine Geschichte: Du bist der Hüter des Feuers. Es droht auszugehen.

16. Feuer anzünden

Rund um die Altsteinzeit

Schon seit sehr langer Zeit kennen die Menschen diese Art des Feuer anzündens: Du brauchst einen unten angespitzten Holzstab und einen größeren Stein, dazu ein wenig Brennmaterial wie Holzspäne oder Holzmehl. Wenn man den Stab sehr schnell zwischen den Händen dreht, wird die Spitze durch die Reibung an dem Stein sehr heiß. Das feine Holzmehl beginnt zu glimmen. Damit kann man trockenes Gras oder Moos entzünden und ein Feuer entfachen. Damit Feuer entstehen kann, braucht man Brennstoff, Hitze und Sauerstoff. Fehlt nur eines dieser drei Dinge, gibt es auch kein Feuer.

Feuer ermöglichte die Härtung von Holz und Stein und später (in der Jungsteinzeit) von Ton oder Lehm zu Keramik und (noch später) zum Schmelzen von Metallen. Im Laufe der Zeit entdeckten unsere Vorfahren immer weitere Einsatzbereiche für das Feuers. Mit der Nutzung des Feuers wurde also ein wichtiger Grundstein zur Entwicklung und Zivilisation des Menschen gelegt.

Aufgabe 1:

a) Welche drei Dinge sind nötig, um ein Feuer zu entzünden?

b) Wozu nutzten die Menschen später das Feuer?

15. Das Feuer

Rund um die Altsteinzeit

Lösungen

Aufgabe 1:

a) Die Menschen merkten, dass Feuer Licht und Wärme spendete. Feuer bot zugleich Schutz vor Raubtieren und Insekten. Feuer kochte ihre Speisen. Im Dunkeln konnten sie sich mit Hilfe einer Flamme besser zurechtfinden.

b) Oh – wie schrecklich! Das Feuer wird immer kleiner! Was soll ich nur tun? Ich werfe mal ein wenig trockenes Laub drauf. Wasser mag das Feuer ja gar nicht. Aber Luft braucht es. Ich puste noch ein wenig hinein. Pfff . Es brennt wieder ein wenig heller. Glück gehabt, sonst hätte ich ganz schön Ärger bekommen!

16. Feuer anzünden

Rund um die Altsteinzeit

Lösungen

Aufgabe 1:

a) Damit Feuer entstehen kann, braucht man Brennstoff (Holz, trockenes Laub oder Gras ...), Hitze und Sauerstoff (Luft).

b) Feuer ermöglichte die Härtung von Holz und Stein und später (in der Jungsteinzeit) von Ton oder Lehm zu Keramik und (noch später) zum Schmelzen von Metallen.

Rund um die Mittelsteinzeit

1. Die Mittelsteinzeit – von 9500 v. Chr. bis 5500 v. Chr.

!

Die Mittelsteinzeit begann mit dem Ende der letzten Eiszeit und endete mit dem Beginn der Sesshaftigkeit in der Jungsteinzeit. Die Menschen lebten zunächst wie in der Altsteinzeit als Jäger, Fischer und Sammler. Doch dann wurde es wärmer in Mitteleuropa. Die Gletscher schmolzen, das Eis ging zurück, Wälder begannen zu wachsen. Die Jäger mussten nicht ständig den Tieren hinterher- ziehen, da viele Tiere in den Wäldern lebten. Auch die Tierarten änderten sich. Die Menschen mussten auch ihre Jagdgewohnheiten ändern. Die Speerschleuder war für die Jagd auf den weiten Tundren sehr wirksam, doch nicht für die Jagd in den dichten Wäldern, wo man sich viel näher an die Beute anpirschen musste. In den Steppen hatte man Zeit und Platz, um mit der Speerschleuder auszuholen und die fliehenden Tiere im vollen Galopp zu treffen. In den Wäldern dagegen standen die Bäume im Weg.

Aufgabe 1:
a) Beschreibe, wie sich die Jagd für die Menschen änderte.
b) Zeichne ein Bild, wie die Landschaft in der Eiszeit aussah. Du kannst auch ein passendes Tier malen.
c) Nach der Eiszeit sah das Land ganz anders aus. Zeichne auch davon ein Bild und füge ein passendes Tier ein.

KOHL VERLAG STEINZEIT AN STATIONEN Grundschule – Bestell-Nr. 12 073

Rund um die Mittelsteinzeit

2. Die „neuen" Tiere

Die Tiere, die die Kälte liebten wie das Rentier, wanderten in kalte Länder. Oder sie starben aus wie das Mammut und das Wollnashorn. Dafür lebten nun andere, kleinere Tiere, wie Hirsch, Wildschwein, Pferd oder Auerochse, Biber, Braunbär, Elch und Fischotter in den Wäldern.

Aufgabe 1: Hier findest du einige der Tiere, die nun das Land bevölkerten. Aber sie sind falsch zusammengesetzt. Schneide die Teile aus, füge die Tiere richtig zusammen. Beschrifte sie.

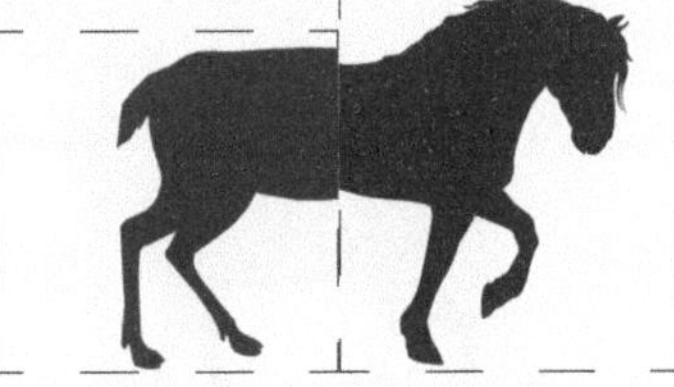

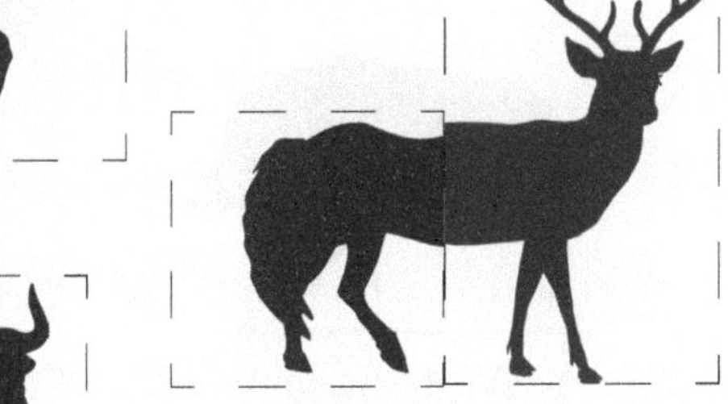

1. Die Mittelsteinzeit – von 9500 v. Chr. bis 5500 v. Chr.

!

Rund um die Mittelsteinzeit

Lösungen

Aufgabe 1: a) Viele Tiere lebten in den Wäldern. Sie zogen nicht mehr umher, sie wurden zum „Standwild". Die Waffen mussten geändert werden. Die Speerschleuder war in den weiten Steppen wirksam. Nun musste man sich näher an das Wild anpirschen und mit Pfeil und Bogen jagen.

b)

c)

2. Die „neuen" Tiere

Rund um die Mittelsteinzeit

Lösungen

Aufgabe 1:

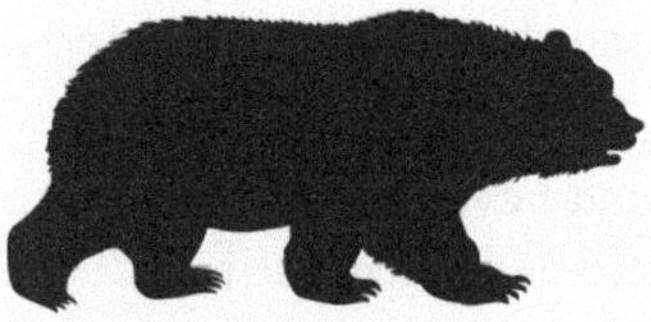

Braunbär

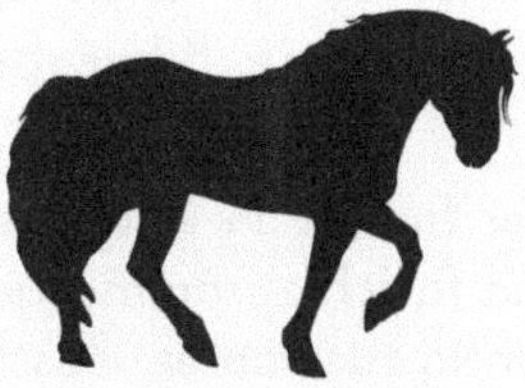

Pferd

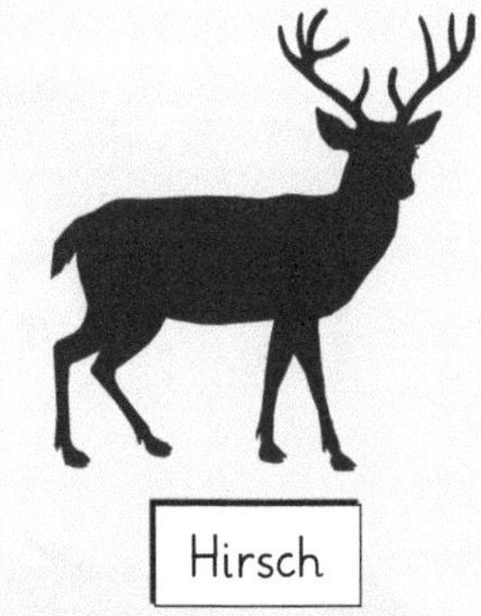

Hirsch

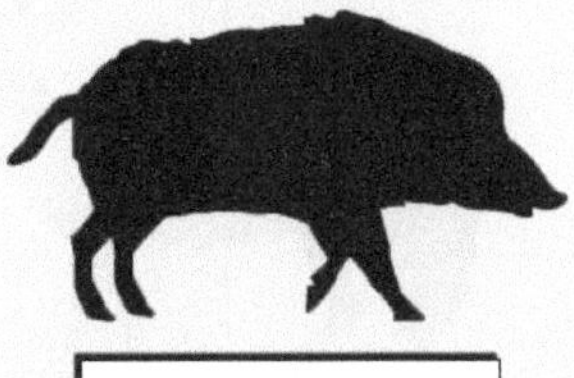

Wildschwein

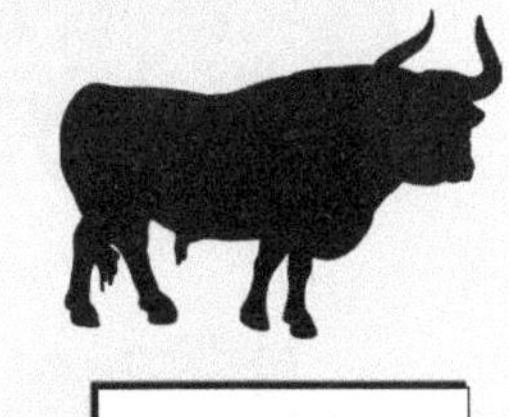

Auerochse

3. Neue Werkzeuge

!

Rund um die Mittelsteinzeit

In der Mittelsteinzeit entwickelten die Menschen neue Steinwerkzeuge. Schaber dienten zum Schneiden und Schaben. Oft wurde damit auch Holz bearbeitet. Daneben gab es kleine und große Faustkeile, Keilmesser und Spitzen. Spätestens jetzt waren Lanzen und Speere bekannt. Pfeil und Bogen waren die wichtigsten Jagdwaffen. Kleine Steinwerkzeuge wurden mit Birkenpech an oder in Hölzer geklebt. Sie dienten als scharfe Einsätze in Harpunen, Speeren und Pfeilen. Diese waren das typische Zeichen der Mittelsteinzeit und werden Mikrolithen genannt (griechisch mikros = klein, lithos = Stein).

Aufgabe 1: Hier seht ihr einige Werkzeuge und Waffen der Steinzeit. Wisst ihr, wie sie heißen und wozu man sie benutzte?

4. Das Leben

Rund um die Mittelsteinzeit

Aus dieser Zeit sind einfache Boote bekannt, z. B. der Einbaum oder das Fellboot. Pflanzliche Nahrung wurde immer wichtiger, da sich aufgrund des wärmeren Klimas mehr Kräuter, Früchte und Sträucher entwickelten. So wurden weiter Nüsse, Beeren und Wurzeln gesammelt. Der Speiseplan wurde durch ein reiches Fischvorkommen in den Binnengewässern ergänzt. Menschen siedelten an Flüssen und Seen. Mit den kleinen Booten begann auch der Handelsverkehr auf dem Wasser. Für den Landverkehr wurden Karren gebaut mit Scheibenrädern. Durch den Handel wurden auch Wissen und Erfahrungen schneller verbreitet.

Aufgabe 1:

a) Welche Verkehrsmittel nutzten die Menschen auf Wegen und Flüssen?

b) Wie stellst du dir ein Fellboot vor? Erzähle!

c) Was ist ein Einbaum? Forsche nach!

KOHL VERLAG STEINZEIT AN STATIONEN Grundschule – Bestell-Nr. 12 073

3. Neue Werkzeuge

!

Rund um die Mittelsteinzeit

Lösungen

Aufgabe 1:

Mikrolith

Schaber

Pfeil und Bogen

Axt

großer Faustkeil

kleiner Faustkeil

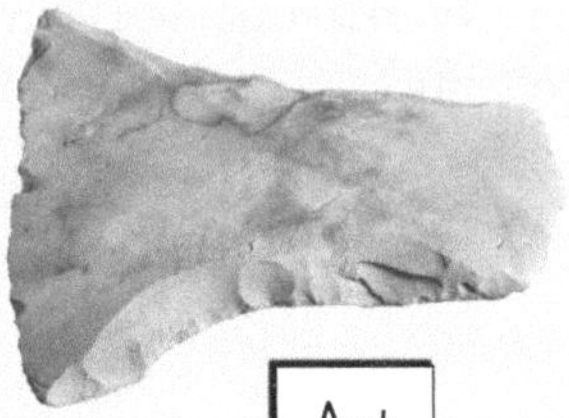

Speer

4. Das Leben

Rund um die Mittelsteinzeit

Lösungen

Aufgabe 1:

a) Die Menschen nutzten auf dem Wasser einfache Boote wie den Einbaum oder das Fellboot. Für das Land wurden kleine Karren gebaut mit Scheibenrädern.

b) Fellboote wurden von mehreren Kulturen erfunden. Die Gestelle waren oftmals aus Holz. Manchmal waren sie korbartig geflochten, rund, oval oder länglich. Sie wurden mit Tierhäuten bzw. Fellen überzogen. Damit entstand ein Schwimmkörper, der bereits eine gewisse Bootsform hatte.

c) Der Einbaum ist das erste Boot, das von den Menschen vor etwa 40.000 Jahren nach und nach auf der ganzen Welt gebaut wurde. In Europa hatte der Einbaum eine Länge von vier bis sechs Metern. Dabei war natürlich die Länge der Baumstämme entscheidend. Man nahm von der Natur entwurzelte Bäume oder fällte sie mit einem Feuer am Baumstamm. Auch zum Aushöhlen des Stammes wurde erst das Feuer eingesetzt, danach mit Knochen- und Steingeräten die weiteren Vertiefungen vorgenommen.

5. Das Rad

Rund um die Mittelsteinzeit

Forscher vermuten, dass das Rad in verschiedenen Teilen der Welt etwa gleichzeitig erfunden wurde. Und das schon vor etwa 6000 Jahren! Vorher mussten die Menschen ihre Lasten auf dem Rücken tragen oder auf Schlitten ziehen. Das war viel anstrengender. Wie kamen die Menschen zum Rad? Der Kreis – die Form des Rades – kommt in der Natur häufig vor: Sonne und Mond sind rund, auch Früchte oder Steine kullern um die eigene Achse. Jede kreisrunde Scheibe ist eigentlich ein Rad, doch nutzbar wird es erst durch Einsetzen einer Achse. Im Laufe der Jahrtausende wurde das Rad immer weiter verbessert. Vor etwa 4000 Jahren bekam es Speichen und wurde so leichter und schneller. Ohne das Rad gäbe es alle anderen Erfindungen nicht, denn irgendwo ist immer ein Rad oder wenigstens ein Rädchen drin!

Aufgabe 1:

a) Wann ungefähr wurde das Rad erfunden?
b) Wer hat es erfunden?
c) Wodurch werden Räder erst nutzbar?
d) Wo kannst du überall ein Rad oder Rädchen entdecken?

6. Einen kleinen Wagen bauen – den Sinn der Achse erkennen

Rund um die Mittelsteinzeit

Du brauchst:

- ein Stück Pappe, ca. DIN A5
- 1-2 Holzspieße
- 4 „Radnudeln" oder flache, runde Perlen
- Schere, Bleistift, Knetgummi

So geht es:

- Schablone vergrößern, auf deine Pappe übertragen und ausschneiden.
- Die 4 Löcher mit einer kleinen Schere ausschneiden.
- Kästchen zusammenkleben.
- Holzspieße durch die Löcher stecken und passend kürzen, sie sollten an beiden Seiten etwa 1-2 cm überstehen.
- Die Nudeln oder Perlen auf die Spieße stecken, davor eine kleine Kugel Knetgummi, damit sie nicht von dem Holzstäbchen, deiner Achse rutschen.
- Der kleine Wagen kann Stifte, Anspitzer, Radiergummi und auch Süßigkeiten transportieren!

Baut den kleinen Wagen einmal ohne die Spieße, klebt die Räder direkt an das Kästchen. Was stellt ihr fest?

5. Das Rad

Rund um die Mittelsteinzeit

Lösungen

Aufgabe 1:

a) Das Rad wurde vor etwa 6000 Jahren erfunden.

b) Vermutlich wurde es in mehreren Teilen der Erde gleichzeitig erfunden; ein bestimmter Erfinder ist nicht bekannt.

c) Räder werden erst brauchbar, wenn sie an einer Achse befestigt sind.

d) Fahrrad, Auto, Einkaufswagen, Aufzug, Lenkrad, Zahnräder, Propeller, Windrad, Wasserrad .

6. Einen kleinen Wagen bauen – den Sinn der Achse erkennen

Rund um die Mittelsteinzeit

Lösungen

Aufgabe 1: Male das Bild farbig aus. Findest du heraus, warum der Mann rechts lacht?

7. Die Kleidung

Rund um die Mittelsteinzeit

Die Menschen kleideten sich meist in Felle oder Tierhäute (Leder), die durch Schaben mit Steinwerkzeugen gesäubert wurden. Als Nähfäden benutzte man Tiersehnen, als Nadel diente ein feiner Knochenpfriemen. Damit stach man zuerst ein Loch in das Fell und zog darauf den Faden mit den Fingern hindurch. Mit ihren Pfriemen, Sehnen und Fellschabern ausgerüstet, verbrachte die Näherin ihre Tage damit, Felle zu verarbeiten und Kleider daraus herzustellen. Und nicht nur Kleider, sondern auch Zelte, Bootsbespannung, Schuhwerk, also fast alles, was aus Fell und Haut gemacht werden konnte.
Als Schmuck verwendete man Muscheln, durchbohrte Tierzähne von Bären oder Wildschweinen, abgesägte Enden des Hirschgeweihs und geglättete Tierknöchel, die man auf eine Schnur ziehen konnte.

Aufgabe 1:

a) Woraus und wie stellten die Menschen ihre Kleidung her?

b) Woraus stellten sie Schmuck her?

c) Zeichne eine solche Kette auf und male sie an.

KOHL VERLAG STEINZEIT AN STATIONEN Grundschule – Bestell-Nr. 12 073

8. Die Maglemose-Kultur

!

Rund um die Mittelsteinzeit

In Maglemose (Großes Moor) auf der Insel Seeland in Dänemark fand man Siedlungen an der Küste, die aus der Mittelsteinzeit stammen. Zu den Steinwerkzeugen entdeckte man viele Holzgeräte wie **(del – Pad)**, **(gen – Bö)**, **(le – Pfei)**, **(re – Spee)**, **(ha – Fisch – ken)** und **(nen – Har – pu)**. Holz gab es überall und es wurde genutzt als Fassungen und Schäfte für **(le – Bei)** und **(cken – Ha)**, **(len – Keu)** und für Einbaumboote.
In den Mooren haben sich Knochen, Geweihe, Holz, Rinde und Bast oft gut erhalten. Zu den Jagdwaffen gehörten **(spit – Speer – zen)** und **(spitz – Pfeil – zen)**, **(gel – An – ken – ha)**, **(ßel – Mei)**, **(krat – Fell – zer)** und andere Werkzeuge. Birkenrinde nutzte man zur Gewinnung von Pech als Klebemittel für die Befestigung der Pfeil- und Speerspitzen. So weiß man auch, dass die Menschen bereits damals verstanden, aus Pflanzen **(den – Fä)** und **(re – Schnü)** herzustellen. Baumbast diente der Herstellung von Schnur, **(len – Sei)** und **(zen – Fisch – net)**. Man ist sich aber nicht sicher, ob man daraus auch Kleidung hergestellt hat.

Aufgabe 1: Die vielen Waffen und Werkzeuge sind nicht richtig notiert. Ordne die Silben in den Klammern und schreibe sie auf.

KOHL VERLAG STEINZEIT AN STATIONEN Grundschule – Bestell-Nr. 12 073

7. Die Kleidung

Rund um die Mittelsteinzeit

Lösungen

Aufgabe 1:

a) Die Menschen stellten ihre Kleidung aus Fellen oder Leder her. Als Nähfäden benutzten sie Tiersehnen, als Nadel diente ein feiner Knochenpfriemen. Damit stach man zuerst ein Loch in das Fell und zog darauf den Faden mit den Fingern hindurch.

b) Als Schmuck verwendeten sie Muscheln, durchbohrte Tierzähne von Bären und Wildschweinen, abgesägte Enden des Hirschgeweihs und geglättete Tierknöchel, die man auf eine Schnur ziehen konnte.

c) freie Gestaltung

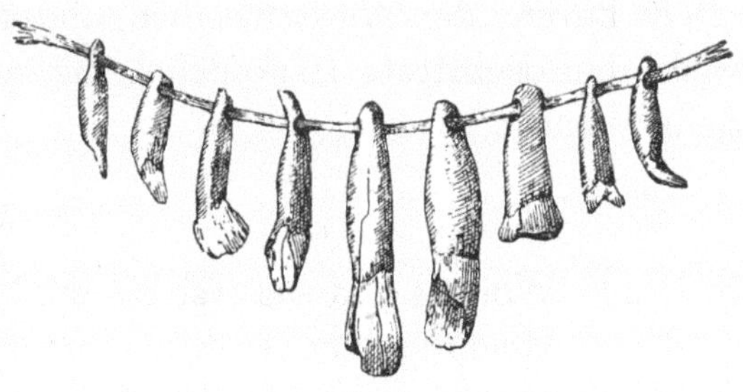

8. Die Maglemose-Kultur

Rund um die Mittelsteinzeit

Lösungen

Aufgabe 1: In Maglemose (Großes Moor) auf der Insel Seeland in Dänemark fand man Siedlungen an der Küste, die aus der Mittelsteinzeit stammen. Zu den Steinwerkzeugen entdeckte man viele Holzgeräte wie **Paddel**, **Bögen**, **Pfeile**, **Speere**, **Fischhaken** und **Harpunen**. Holz gab es überall und es wurde genutzt als Fassungen und Schäfte für **Beile** und **Hacken**, **Keulen** und für **Einbaumboote**.

In den Mooren haben sich Knochen, Geweihe, Holz, Rinde und Bast oft gut erhalten. Zu den Jagdwaffen gehörten **Speer- und Pfeilspitzen**, **Angelhaken**, **Meißel**, **Fellkratzer** und andere Werkzeuge. Birkenrinde nutzte man zur Gewinnung von Pech als Klebemittel für die Befestigung der Pfeil- und Speerspitzen. So weiß man auch, dass die Menschen bereits damals verstanden, aus Pflanzen **Fäden** und **Schnüre** herzustellen. Baumbast diente der Herstellung von Schnur, **Seilen** und **Fischnetzen**. Man ist sich aber nicht sicher, ob man daraus auch Kleidung hergestellt hat.

KOHL VERLAG STEINZEIT AN STATIONEN Grundschule – Bestell-Nr. 12 073

Rund um die Jungsteinzeit

1. Die Jungsteinzeit von 5500 v. Chr. bis 2200 v. Chr. !

Die Jungsteinzeit ist der letzte Abschnitt der Steinzeit. Anfangs waren die Jagd und das Sammeln noch fester Bestandteil der Nahrung. Doch dann wurden die Menschen nach und nach sesshaft. Sie begannen Häuser zu bauen, Haustiere zu halten und bauten Getreide an. Sie legten Vorräte an und trieben mit ihren überschüssigen Nahrungsmitteln Handel. Sie fingen an zu töpfern. Das geschah aber nicht alles auf einmal und nicht überall gleichzeitig. Diese Lebensweise begann in Mesopotamien (Vorderasien) und breitete sich dann bis zu uns nach Europa aus.

Nachgebildetes Langhaus im Freilichtmuseum Oerlinghausen

Aufgabe 1: Was veränderte sich in der Jungsteinzeit? Berichte.

Aufgabe 2: Richtig oder falsch? Kreuze an. Schreibe die falschen Sätze richtig in dein Heft.

		richtig	falsch
a)	Die neue Lebensweise begann in Europa.		
b)	Die Menschen begannen Handel zu treiben.		
c)	Die Menschen hielten nun Haustiere und bauten Getreide an.		
d)	In Holzdosen wurden Vorräte angelegt.		
e)	Sie bauten Häuser.		
f)	Die Jungsteinzeit ist der erste Abschnitt der Steinzeit.		

Rund um die Jungsteinzeit

2. Die Töpferei

Das Töpfern von Keramik war ein weiterer Fortschritt. Vermutlich haben die Menschen zufällig herausgefunden, dass Lehm im Feuer hart wird. Nun konnte man z. B. Wasser transportieren und Nahrungsmittel gut und sicher vor Tieren aufbewahren. Nach der Form der Gefäße und ihren Verzierungen unterscheidet man verschiedene Kulturen in der Jungsteinzeit. Eine der ältesten ist die Bandkeramik. Typisch für die Bandkeramik sind die Bandmuster auf den Gefäßen. Spiralförmig winden sich runde oder eckige Linien um die Keramikgefäße. Später folgte die Zeit der Schnurkeramik.

Typisch für die Lebensweise der Menschen waren Tongefäße, die mit Hilfe einer Schnur verziert wurden: Man drückte mit ihr Rillenmuster in den Ton. Keramische Gefäße sind heute für die Archäologen sehr wichtig. Sie erkennen daran, zu welchem Volk eine Siedlung gehörte und in welcher Zeit die Keramik hergestellt wurde. Die Zeit der „keramischen Becherkulturen" begann vor etwa 4500 Jahren und endete mit Beginn der Bronzezeit.

Aufgabe 1: Zeichne Krüge oder Becher und gestalte sie mit den Mustern, die du oben siehst!

KOHL VERLAG STEINZEIT AN STATIONEN Grundschule – Bestell-Nr. 12 073

1. Die Jungsteinzeit von 5500 v. Chr. bis 2200 v. Chr. !

Rund um die Jungsteinzeit

Lösungen

Aufgabe 1: Die Menschen wurden in der Jungsteinzeit allmählich sesshaft. Sie bauten Häuser, hielten Haustiere und legten Vorräte an. Sie stellten Keramik her. Mit den Vorräten, die sie nicht benötigten, trieben sie Handel.

Aufgabe 2: Richtig sind die Sätze: **b**, **c**, und **e**

So wären alle Sätze richtig:

a) Die neue Lebensweise begann in Mesopotamien (Vorderasien).

d) In Tongefäßen wurden Vorräte angelegt.

f) Die Jungsteinzeit ist der letzte Abschnitt der Steinzeit.

STEINZEIT AN STATIONEN Grundschule – Bestell-Nr. 12 073
KOHL VERLAG Lernen mit Erfolg

2. Die Töpferei 

Rund um die Jungsteinzeit

Lösungen

Mandala: Was die Menschen in der Jungsteinzeit schon besaßen:

STEINZEIT AN STATIONEN Grundschule – Bestell-Nr. 12 073
KOHL VERLAG Lernen mit Erfolg

3. Was ist die „Neolithische Revolution"?

So nennt man den Übergang vom Nomadenleben zur Sesshaftigkeit mit Ackerbau und Viehzucht. Aus Jägern und Sammlern wurden Bauern. Die Menschen bauten Hütten aus Holz, später auch Steinhäuser und schliefen auf einem Strohlager. Sie lebten an Flüssen und in Wäldern. Der Hund wurde ihr Gefährte. Tiere wie Ziegen und Schafe, später auch Schweine und Kühe, wurden gezüchtet. Die Menschen begannen Pflanzen (z. B. Weizen, Gerste, Hirse, Erbsen, Linsen) als Nahrung selbst anzubauen. Sie legten sich Nahrungsvorräte an. Durch die Töpferei hatte man Gefäße für die Vorräte. Die Steinwerkzeuge wurden feiner und kunstvoller. Sie wurden scharf geschliffen, Stein und Holz durchbohrt, sodass man einen Griff anbringen konnte. Oft wurden Speerspitzen aus Geweih und Knochen gefertigt.

Aufgabe 1:
a) Welche Vorräte legten die Menschen an?
b) Welche Tiere wurden gezüchtet?
c) Wer wurde Gefährte des Menschen?
d) Wie änderten sich die Werkzeuge?

KOHL VERLAG STEINZEIT AN STATIONEN Grundschule – Bestell-Nr. 12 073

4. Holz

Rund um die Jungsteinzeit

Auch Holz gab es schon, als die Menschheit sich entwickelte. Holz diente dem Menschen zuerst als Werkzeug (Speere) und Brennholz, später bauten sie Boote, Hütten und Häuser damit. Um die Dörfer baute man hohe Zäune (Palisaden) zum Schutz vor Tieren oder Feinden.

Holz ist einer der härtesten Stoffe im Pflanzenreich. Daher können Bäume mehr als 50 Meter in den Himmel ragen. Wir unterscheiden Laubbäume und Nadelbäume. Meist ist das Holz der Laubbäume härter und schwerer als das der Nadelbäume.

Aufgabe 1:
a) Nenne drei Laub- und drei Nadelbäume.
b) Was besteht alles aus Holz? Zeichne und notiere, was dir einfällt!
c) Holz ist der wichtigste Rohstoff unserer Erde. Holz ist sehr vielseitig. Man braucht es: Verbinde richtig:

Als Werkstoff	○	○	- z.B. Verheizen als Pellets oder Hackschnitzel, in Kaminen
Zum Bauen	○	○	- z.B. für Bilderrahmen und Möbel, als Grundlage von Papier
Als Energielieferant	○	○	- z.B. für Holzhäuser, Dachstühle, ...

KOHL VERLAG STEINZEIT AN STATIONEN Grundschule – Bestell-Nr. 12 073

3. Was ist die „Neolithische Revolution"?

Lösungen

Aufgabe 1:

a) Die Menschen besaßen als Vorräte Weizen, Gerste, Hirse, Erbsen, Linsen, getrocknete Beeren und Samen. Durch Trocknen und Räuchern ließ sich auch Getreide und Fisch haltbar machen.

b) Die Menschen hielten Ziegen, Schafe, Schweine und Kühe.

c) Der Hund wurde zum Gefährten des Menschen.

d) Die Steinwerkzeuge wurden feiner und kunstvoller. Sie wurden scharf geschliffen, Stein und Holz durchbohrt, sodass man einen Griff anbringen konnte. Oft wurden Speerspitzen aus Geweih und Knochen gefertigt.

4. Holz

Lösungen

Aufgabe 1:

a) Nadelbäume: Kiefer, Fichte, Tanne, Lärche
Laubbäume: Buche, Eiche, Birke, Linde, Pappel, Esche

b) Das gibt es alles aus Holz: Tisch, Stuhl, Schrank, Bett, Spielzeug, Kochlöffel …

c)

Als Werkstoff	– z.B. Verheizen als Pellets oder Hackschnitzel, in Kaminen
Zum Bauen	– z.B. für Bilderrahmen und Möbel, als Grundlage von Papier
Als Energielieferant	– z.B. für Holzhäuser, Dachstühle …

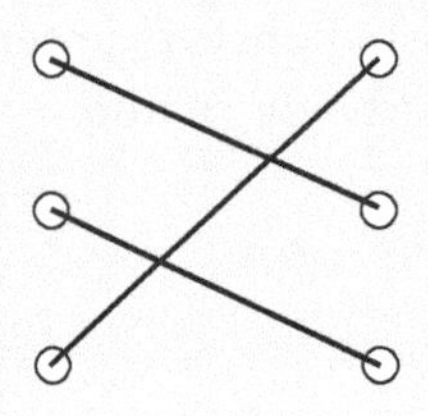

5. Lehm und Ton

!

Rund um die Jungsteinzeit

Lehm und Ton gehören zu den ältesten Verarbeitungs- und Baumaterialien. Sie unterscheiden sich dadurch, dass Ton nur wenig verunreinigt ist, Lehm dagegen deutlich mehr.
Lehm ist eine Mischung aus Sand, Schluff und Ton. Schluff besteht aus Mineralkörnern. Lehm und Ton sind die weltweit am meisten verbreiteten Baustoffe der Erde. Gerade heute entdeckt man Lehm wieder als Baustoff.

Aufgabe 1:

a) Was gehört zu den ältesten Materialien, die verwendet wurden?

b) Was ist Lehm?

c) Wodurch unterscheiden sich Lehm und Ton?

d) Woraus besteht Schluff?

e) Was stellt man auch heute noch aus Ton her?

6. Eine Lehmhütte bauen

Rund um die Jungsteinzeit

Schon unsere Ur-Urahnen wohnten in Lehmhütten. Meist wurde ein Gerüst aus Holz erstellt, mit Steinen und Lehm gefüllt und zum Halten gebracht. Ihr könnt ein solches Haus auch bauen.

Ihr braucht:

- eine dicke Pappe als Unterlage
- Zweige, dünne Äste
- einige nicht zu große Steine
- Lehm (Den gibt es im Baumarkt oder im Internet.)

So geht es:

- Legt die Außenmauern fest – zeichnet den „Grundriss" (die Größe) eures Hauses auf die Pappe.
- An den 4 Ecken klebt ihr senkrecht etwas dickere Hölzer auf.
- Nun verbindet ihr mit Zweigen (Querstangen) diese Eckstangen.
- Festkleben und gut trocknen lassen. Dann könnt ihr die Zwischenräume mit Lehm ausfüllen.
- Zur Verstärkung legt ihr immer mal ein paar Ästchen dazwischen.
- Vergesst die Türe nicht!
- Das Dach könnt ihr mit Zweigen, Gras und Stroh decken.

5. Lehm und Ton

Lösungen

Aufgabe 1:

a) Zu den ältesten Materialien, die man verwendete, gehören Ton und Lehm.

b) Lehm ist eine Mischung aus Sand, Schluff und Ton.

c) Ton ist nur wenig verunreinigt, Lehm hingegen deutlich mehr.

d) Schluff besteht aus Mineralkörnern.

e) Dachpfannen, Ziegelsteine, Blumentöpfe, Fliesen, Geschirr, Zierkeramik

KOHL VERLAG Lernen mit Erfolg STEINZEIT AN STATIONEN Grundschule – Bestell-Nr. 12 073

6. Eine Lehmhütte bauen

Rund um die Jungsteinzeit

Steinzeitmenschen aus Lehm basteln:

Lösungen

Ihr braucht:

- Lehm
- Pinsel
- Wasser- oder Acrylfarben
- evtl. Wollreste für die Haare

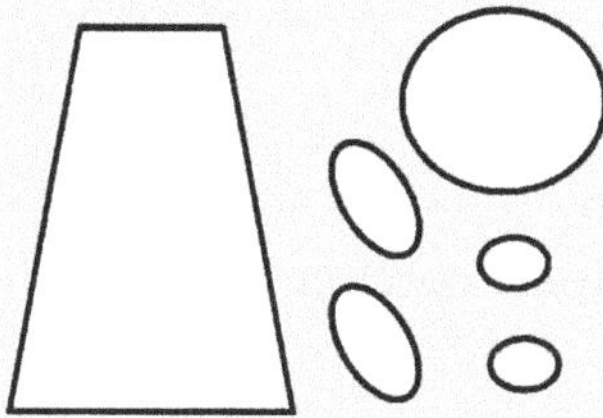

So geht es:

Das Gestalten von Lehmfiguren führt man am besten draußen durch. An die Schülerinnen und Schüler werden etwa faustgroße Lehmklumpen verteilt. Der Lehm muss in kleinen Portionen mit etwas Wasser durchgeknetet werden, bis eine geschmeidige, knetgummiartige Masse entsteht. Diese Lehmmasse kann dann genauso verarbeitet werden wie Ton.

Je nach Geschmack und Ideenreichtum werden Tier-, Menschen-, oder Phantasiefiguren modelliert. Die Lehmfiguren sollten an der Luft trocknen – danach können sie angemalt werden. Mit Moos, kleinen Zweigen und Tieren könnt ihr eine Steinzeit-Landschaft gestalten.

KOHL VERLAG Lernen mit Erfolg STEINZEIT AN STATIONEN Grundschule – Bestell-Nr. 12 073

Rund um die Jungsteinzeit

7. Langhäuser

Mit den Werkzeugen konnte man Bäume fällen und das Holz für den Hausbau bearbeiten. Das Dach wurde von hohen Pfosten getragen. Die Wände der Häuser wurden zwischen weiteren, halbhohen Pfosten mit Flechtwerk und Lehm gefüllt. Die Menschen der Jungsteinzeit lebten in langen, schmalen Häusern. Man nennt sie wegen ihrer Form auch Langhäuser.
Die Häuser waren etwa 20 Meter lang (manchmal auch bis zu 40 Meter) und etwa 7 bis 9 Meter breit. Darin gab es einen Bereich zum Wohnen und Schlafen. Dort befand sich auch die Feuerstelle. Hier wurde wohl gekocht. Dazu gab es einen Bereich zum Arbeiten, manchmal einen weiteren, der als Speicher für die Vorräte diente und vielleicht auch Ställe für die Tiere. Erbaut wurde das Langhaus auf mehreren Pfostenreihen.

Aufgabe 1: Zeichne auf ein großes Blatt, was es in einem Langhaus alles gab. Male auch die Pfosten und eine Türe ein.

Rund um die Jungsteinzeit

8. Pfahlbauten

Am Rand von Seen, Flüssen, Sümpfen und Meeren baute man Häuser auf Pfählen. Die Pfähle wurden in die flachen Ufer eingerammt, darauf setzte man die Hütten. Die Wände bestanden aus Lehm und Holz. So wohnte man trocken, selbst wenn der Wasserspiegel im Laufe des Jahres stark schwankte. Auch vor Raubtieren und feindlichen Nachbarn war man sicher. Pfahlbauten kennt man bei uns vor allem aus dem Raum nördlich der Alpen, z.B. am Bodensee. Warum die Menschen hier Pfahlbauten errichteten, ist nicht geklärt. Zwar gab es Vorteile wie das Nahrungsangebot an Fischen oder dass die Pfähle leichter in den feuchten Untergrund getrieben werden konnten, aber es gab auch Nachteile. So machten immer wiederkehrende Hochwasser den Menschen das Leben nicht leicht. Auch hielten diese Pfahlbauten nicht lange, sie standen nur ungefähr 20 Jahre, dann waren sie morsch und mussten neu errichtet werden. Im Pfahlbaumuseum Unteruhldingen am Bodensee wurden mehrere Siedlungen aus der Jungsteinzeit und der Bronzezeit rekonstruiert.

Pfahlbauten am Bodensee – Museum Unteruhldingen

Aufgabe 1:
a) Berichte über die Vor- und Nachteile der Pfahlbauten.
b) Wo in Deutschland kannst du solche Pfahlbau-Siedlungen besichtigen?

7. Langhäuser

Rund um die Jungsteinzeit

Lösungen

Aufgabe 1: Lösungsvorschlag:

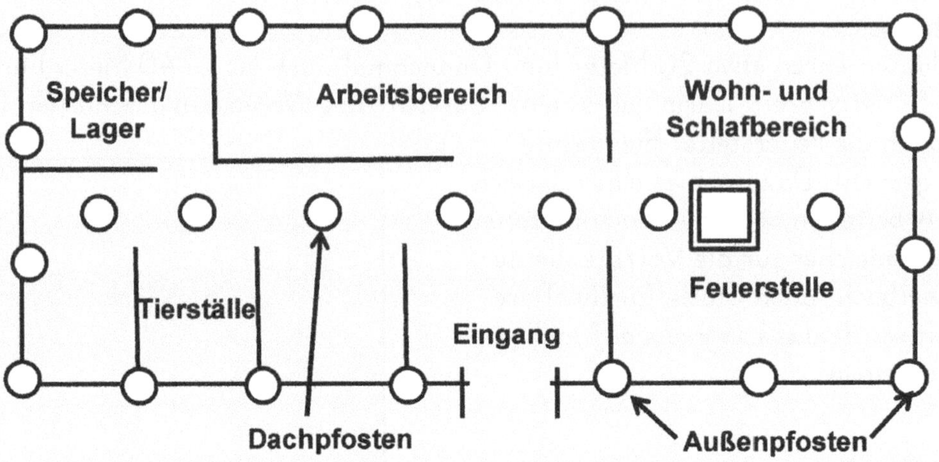

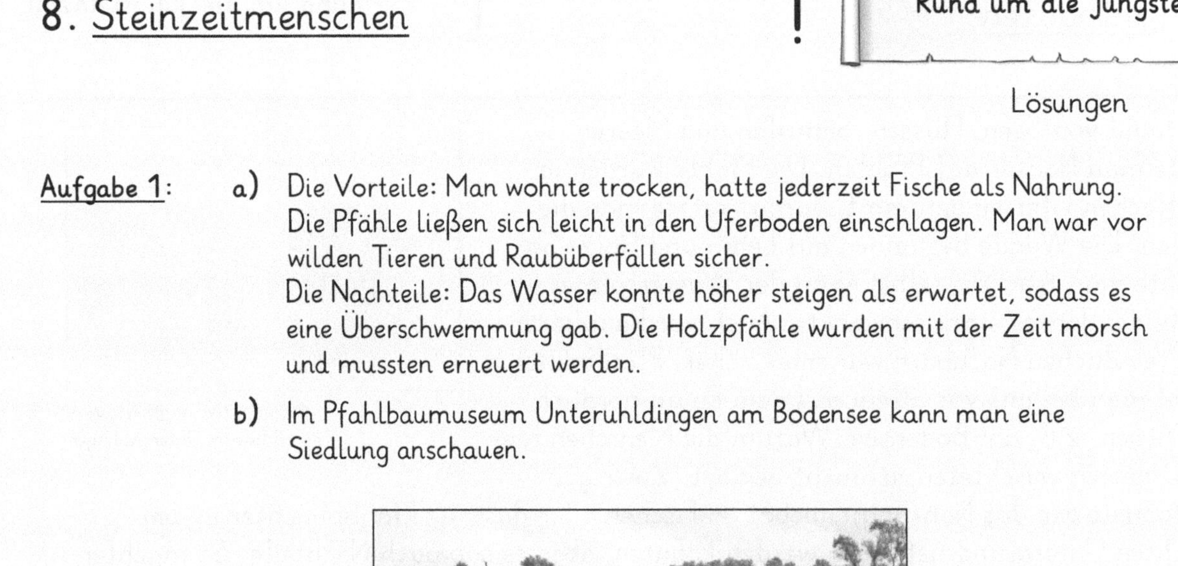

STEINZEIT AN STATIONEN Grundschule – Bestell-Nr. 12 073
KOHL VERLAG Lernen mit Erfolg

8. Steinzeitmenschen

Rund um die Jungsteinzeit

Lösungen

Aufgabe 1:

a) Die Vorteile: Man wohnte trocken, hatte jederzeit Fische als Nahrung. Die Pfähle ließen sich leicht in den Uferboden einschlagen. Man war vor wilden Tieren und Raubüberfällen sicher.
Die Nachteile: Das Wasser konnte höher steigen als erwartet, sodass es eine Überschwemmung gab. Die Holzpfähle wurden mit der Zeit morsch und mussten erneuert werden.

b) Im Pfahlbaumuseum Unteruhldingen am Bodensee kann man eine Siedlung anschauen.

STEINZEIT AN STATIONEN Grundschule – Bestell-Nr. 12 073
KOHL VERLAG Lernen mit Erfolg

9. Flachs – Leinen

!

Rund um die Jungsteinzeit

Eine der ältesten angebauten Pflanzen ist der Flachs. Schon die Ägypter stellten vor gut 5000 Jahren aus der blau blühenden Pflanze Leinen her. Man weiß das, weil sie ihre Mumien darin einwickelten. Beim Ernten wird die ganze Leinpflanze mit der Hand bündelweise ausgerissen und zum Trocknen aufgeschichtet. Dann werden sie gebrochen und über ein Nagelbrett, ähnlich einer harten Bürste, gezogen, damit sie gleich liegen. Aus diesen Fasern konnte man Garn spinnen, aus denen Leinen gewebt wird.

Aufgabe 1:

a) Seit wann wird aus der Flachspflanze Leinen hergestellt?

b) Forsche nach und zeichne eine Flachspflanze auf.

c) Beschreibe, wie die Menschen die Leinenfasern herstellten.

10. Stoffe

Rund um die Jungsteinzeit

In Dänemark fand man alte Fischernetze aus der Mittelsteinzeit (9600 bis 5500 v. Chr). Also konnten die Menschen damals schon Seile und Schnüre herstellen. Ob man aber auch schon Kleidung aus Pflanzenfasern herstellte, weiß man nicht genau. Doch aus der Jungsteinzeit (5500 – 2200 v. Chr.) haben sich Gewebe aus Flachs oder Wolle gefunden. Spindel und Webrahmen wurden erfunden, es wurden die ersten gewebten Kleider hergestellt. Das Weben gehört zu den ältesten Handwerken der Menschheit. Stoffe wurden zu einer begehrten Handelsware.

Nachgebauter Webstuhl aus der Jungsteinzeit

Aufgabe 1:

a) Aus welchem Material waren die ersten Gewebe?

b) Wir wissen, dass die Menschen früher schon Schmuck trugen. Also legten sie sicher auch Wert auf „hübsche" Kleidung. Gestalte einfache Kleider und Umhänge mit verschiedenen Mustern.

9. Flachs – Leinen

!

Lösungen

Aufgabe 1: a) Vor gut 5000 Jahren stellten die Ägypter schon Leinen her.

b) Siehe links unten.

c) Die Leinenpflanzen wurden büschelweise ausgerissen und zum Trocknen ausgelegt. Dann wurden sie gebrochen und über ein Nagelbrett, ähnlich einer harten Bürste, gezogen, damit sie in einer Richtung liegen. Nun konnte man sie verspinnen.

10. Stoffe

Rund um die Jungsteinzeit

Lösungen

Aufgabe 1: a) Die ersten Gewebe waren aus Flachs (Leinen) und Wolle.

b) Siehe unten.

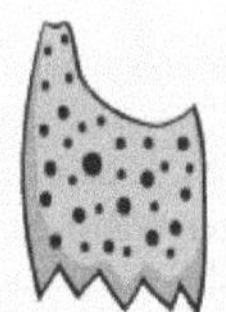  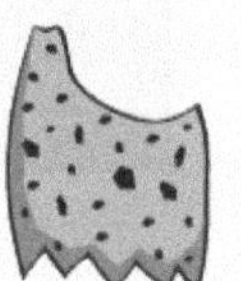  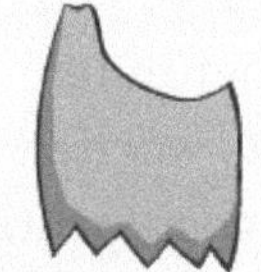   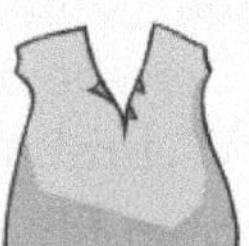

11. Erste Landwirtschaft 

Rund um die Jungsteinzeit

Die Menschen begannen, die wilden Getreidearten Einkorn, Emmer und Gerste zu säen und zu ernten. Später gelang es, ertragreichere Getreidesorten zu züchten.

Aufgabe 1: Notiere die Namen richtig unter den Bildern!

seterg	merem	kronien
		 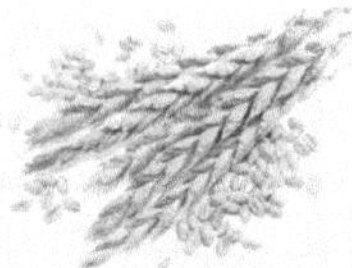
______________	______________	______________

Früher wurde das Getreide gemahlen und mit Wasser gemischt als Brei gegessen. Später wurde der Brei auf heißen Steinen oder in der Asche des Feuers als Fladenbrot gebacken. Brei aus wildem Getreide wurde auch auf heißen Steinen getrocknet und war so haltbar und gut mitzunehmen. Von Ägypten aus gelangten die Kenntnisse des Brotbackens später über Griechenland und das Römische Reich nach Europa.

Aufgabe 2: a) Wie verzehrten die Menschen das Getreide zuerst?

b) Wie erhielten sie Kenntnisse über das Brotbacken?

STEINZEIT AN STATIONEN Grundschule – Bestell-Nr. 12 073

KOHL VERLAG

12. Brot backen wie in der Steinzeit 

Rund um die Jungsteinzeit

Ihr braucht:

- einen großen Stein und einen Stein, den ihr in die Hand nehmen könnt
- ca. 500 g Getreide (Weizen), (das reicht dann für ein kleines Brot)
- eine Schüssel für das Mehl und später für den Teig
- 1 Würfel Hefe, ein wenig Salz und Wasser

So geht es:

Gebt ein wenig Getreide auf den großen Stein. Nehmt den anderen Stein und zerreibt das Getreide zu Mehl. Mahlt so Portion für Portion, bis die 500 g Weizen fein gemahlen sind. Anschließend verrührt ihr etwa 50 g des Mehls mit der Hefe, dem Salz und etwas warmen Wasser. Dann lasst ihr es an einem warmen Ort „gehen", bis der Teig auf das Doppelte gewachsen ist. Nun wird das restliche Mehl zugegeben, evtl. auch noch Wasser, nochmals gehen lassen. Einen Laib formen und bei 180 Grad 35–45 Minuten backen.

Wie lange braucht ihr, bis ein Pfund (1/2 Kilogramm) Korn gemahlen ist?
Wie lange haben die Menschen früher wohl gebraucht, um Brot für die Familie zu backen?

STEINZEIT AN STATIONEN Grundschule – Bestell-Nr. 12 073

11. Erste Landwirtschaft

Rund um die Jungsteinzeit

Lösungen

Aufgabe 1:

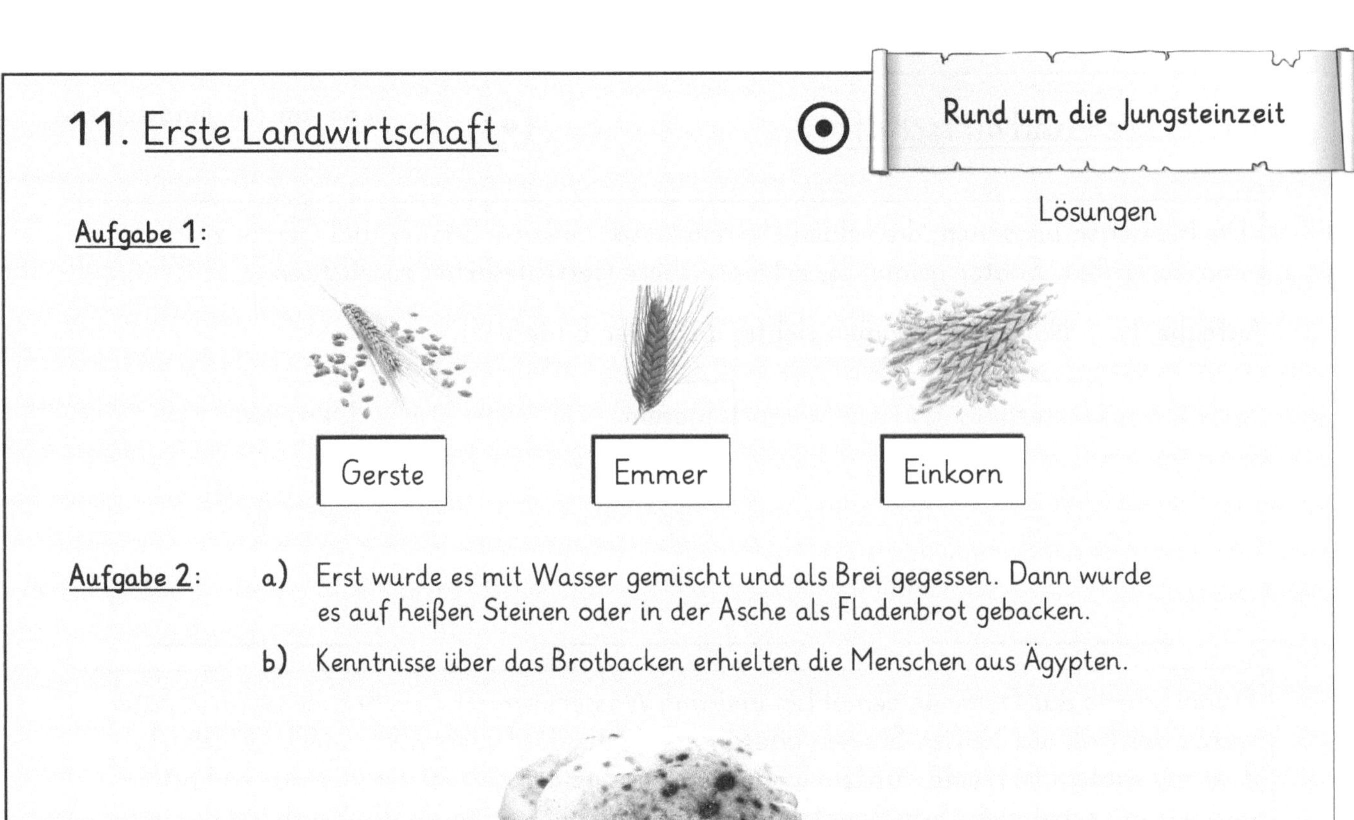

Gerste | Emmer | Einkorn

Aufgabe 2:

a) Erst wurde es mit Wasser gemischt und als Brei gegessen. Dann wurde es auf heißen Steinen oder in der Asche als Fladenbrot gebacken.

b) Kenntnisse über das Brotbacken erhielten die Menschen aus Ägypten.

KOHL VERLAG STEINZEIT AN STATIONEN Grundschule – Bestell-Nr. 12 073

12. Brot backen wie in der Steinzeit

Rund um die Jungsteinzeit

Lösungen

So säte man früher! Male das Bild aus.

KOHL VERLAG STEINZEIT AN STATIONEN Grundschule – Bestell-Nr. 12 073

13. Dörfer entstanden

!

Rund um die Jungsteinzeit

Mehrere Häuser bildeten kleine Dörfer. Die Menschen gründeten Dörfer an Flüssen, flachen Flussübergängen (Furten), an Meeren und an Handelswegen. Um die Siedlungen wurden Gräben gezogen und Holzzäune gegen wilde Tiere, aber auch gegen Überfälle errichtet. Gemeinsam arbeiteten die Menschen daran, ihr Leben zu verbessern. So hoben sie Gräben aus und bauten Dämme, um Überschwemmungen zu vermeiden. Sie leiteten Quellwasser auf ihre Felder, töpferten Gefäße und erfanden immer mehr nützliche Dinge. Auch bei der Herstellung von Werkzeugen und Geräten gab es „Erfindungen". Im Feld lockerten die Bauern den Boden erst mit spitzen Holzstäben oder Hacken. So war der neue Holzpflug eine große Hilfe bei der Feldarbeit. Aus Feuerstein wurden Sicheln zur Erntearbeit hergestellt.

Rekonstruiertes Haus aus der Jungsteinzeit

Aufgabe 1:

a) Beschreibe, wie die Menschen ihre kleinen Dörfer anlegten.

b) Warum errichteten sie Gräben und Zäune?

c) Wo siedelten sie?

d) Male ein Dorf, wie es damals ausgesehen haben könnte. Wähle als Ort Küste, Wege oder Fluss(übergang).

14. Die ersten Berufe – Handwerker und Händler

!

Rund um die Jungsteinzeit

Die Herstellung der Waffen, Geräte und Werkzeuge war zeitaufwändig und erforderte Übung und Geschicklichkeit. Handwerker bildeten sich heraus, die Töpferwaren, Stoffe, Werkzeuge und Waffen herstellten. Erster Tauschhandel setzte ein, indem Händler von Dorf zu Dorf zogen und die Erzeugnisse vertrieben.

Aufgabe 1: Finde 14 Dinge im Wortgitter, die die Menschen mittlerweile erfunden hatten.

E	S	P	I	T	Z	E	N	O	W	I	E
S	T	E	I	N	M	E	S	S	E	R	F
C	T	Ö	P	F	E	R	W	A	R	E	W
H	E	S	P	E	E	R	E	G	K	I	A
A	K	S	F	S	A	B	U	K	Z	U	F
L	R	G	E	S	T	O	F	F	E	C	F
E	Ü	A	I	F	E	L	T	I	U	H	E
N	G	N	L	V	E	R	B	Ö	G	E	N
A	E	Z	E	A	S	I	C	H	E	L	N
H	A	C	K	E	N	S	P	F	L	U	G

13. Dörfer entstanden

Rund um die Jungsteinzeit

Lösungen

Aufgabe 1:

a) Die Menschen bauten ihre Häuser nah zusammen. Um die kleinen Dörfer zogen sie Gräben, errichteten Dämme und bauten Holzzäune auf.

b) Dämme und Gräben sollten Schutz vor Überschwemmungen bieten. Die Zäune sollten wilde Tiere fernhalten und Überfällen vorbeugen.

c) Die Menschen siedelten an Flüssen, flachen Flussübergängen (Furten), an Meeren und an Handelswegen.

d) eigene Gestaltung

14. Die ersten Berufe – Handwerker und Händler

Rund um die Jungsteinzeit

Lösungen

Aufgabe 1:

	S	P	I	T	Z	E	N		W		
S	T	E	I	N	M	E	S	S	E	R	
C	T	Ö	P	F	E	R	W	A	R	E	W
H		S	P	E	E	R	E		K		A
A	K		F						Z		F
L	R		E	S	T	O	F	F	E		F
E	Ü		I						U		E
N	G		L				B	Ö	G	E	N
	E		E		S	I	C	H	E	L	N
H	A	C	K	E	N		P	F	L	U	G

KOHL VERLAG Lernen mit Erfolg
STEINZEIT AN STATIONEN Grundschule – Bestell-Nr. 12 073

15. Das Leben 

Rund um die Jungsteinzeit

Die Viehzucht gehörte zum Aufgabenbereich des Mannes, der Getreideanbau zu dem der Frau. Wahrscheinlich war das seit der Zeit der Jäger und Sammler ähnlich. Doch mehr und mehr übernahmen die Männer die schweren Arbeiten der Feldbestellung. Die Frauen backten Fladenbrote, kochten Brei, Mehlsuppen und Grütze. Aus Samen von Lein und Mohn pressten sie Öl. Dazu sammelten die Frauen und Kinder Wildfrüchte, essbare Wurzeln, Pilze und Wildgemüse. Für den Winter legten sie Vorräte an, dabei waren Lufttrocknung und Räucherei wichtige Konservierungsmethoden.
Neben dem Ackerbau und der Haustierhaltung versorgten sich die Menschen weiterhin durch Jagd- und Fischfang mit Nahrung. Als Haustiere hielt man erst Ziegen und Schafe, später auch Schweine und Rinder. Zur Aufbewahrung wurden Töpfe, Krüge und Schalen aus Tonerde geformt. Die Gefäße wurden an der Sonne getrocknet oder im Ofen zu feuerfestem Geschirr gebrannt. Die Frauen sponnen auch Leinen, webten Stoffe und nähten Kleidung.

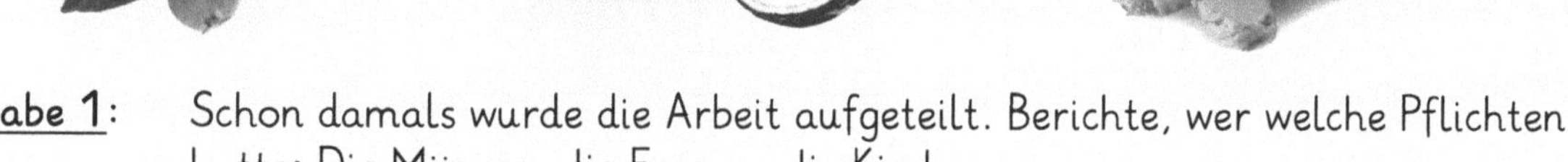

Aufgabe 1: Schon damals wurde die Arbeit aufgeteilt. Berichte, wer welche Pflichten hatte: Die Männer, die Frauen, die Kinder.

KOHL VERLAG
STEINZEIT AN STATIONEN Grundschule – Bestell-Nr. 12 073

16. Arbeiten mit neuen Geräten 

Rund um die Jungsteinzeit

Hier sind Werkzeuge aufgezeichnet, die den Menschen das Leben erleichtert haben. Der Reihe nach siehst du eine Axt oder ein Beil, eine Spitzhacke, eine Sense oder Sichel, einen Korb und Mahlsteine zum Getreide zerkleinern.

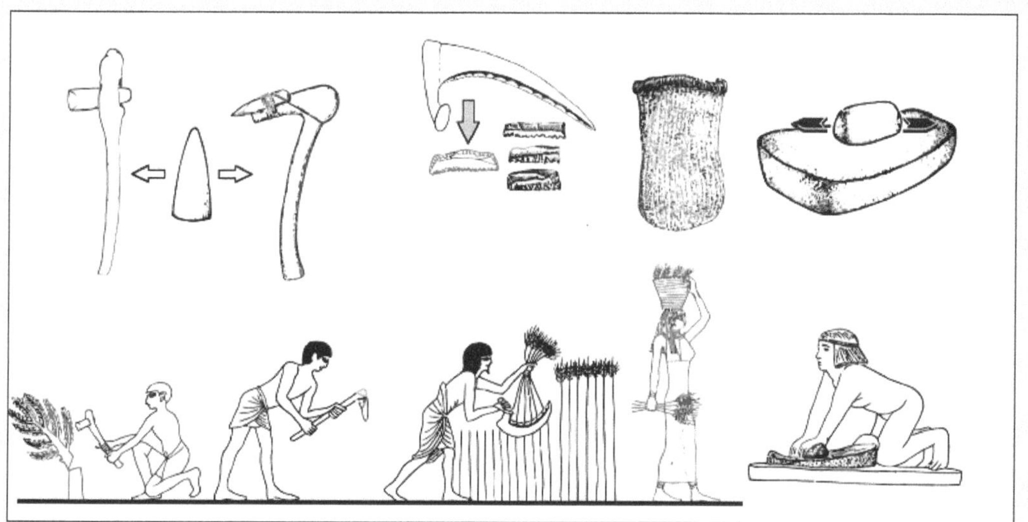

Aufgabe 1: Male das Bild farbig aus und beschreibe, was die Menschen mit welchem Gerät machten.

KOHL VERLAG
STEINZEIT AN STATIONEN Grundschule – Bestell-Nr. 12 073

15. Das Leben

Lösungen

Aufgabe 1: Die Männer waren für die Jagd und die Viehzucht zuständig. Als die Feldarbeit immer mehr zunahm, erledigten sie auch den Ackerbau.

Die Frauen sammelten Wildfrüchte, essbare Wurzeln, Pilze und Wildgemüse. Sie backten Fladenbrote, kochten Brei, Mehlsuppen und Grütze. Dazu pressten sie Öl und legten Vorräte für den Winter an. Sie sponnen Leinen, webten Stoffe und nähten Kleidung.

Die Kinder mussten schon früh helfen. Auch sie sammelten Beeren, Wildfrüchte, Pilze und Wildgemüse.

KOHL VERLAG STEINZEIT AN STATIONEN Grundschule – Bestell-Nr. 12 073

16. Arbeiten mit neuen Geräten 

Rund um die Jungsteinzeit

Lösungen

Aufgabe 1: Mit der Axt oder dem Beil konnten die Menschen Bäume fällen. So erhielten sie Holz, um Häuser, Boote oder sonstige Geräte herzustellen.
Mit der Spitzhacke lockerten sie den Ackerboden auf, damit ihre Saat besser wachsen konnte.
Mit der Sense oder Sichel wurde das Getreide geerntet.
Die Körbe dienten zum Transport und zum Aufbewahren von Früchten, Getreide oder Wurzeln.
Mit den Steinen wurde das Getreide gemahlen.

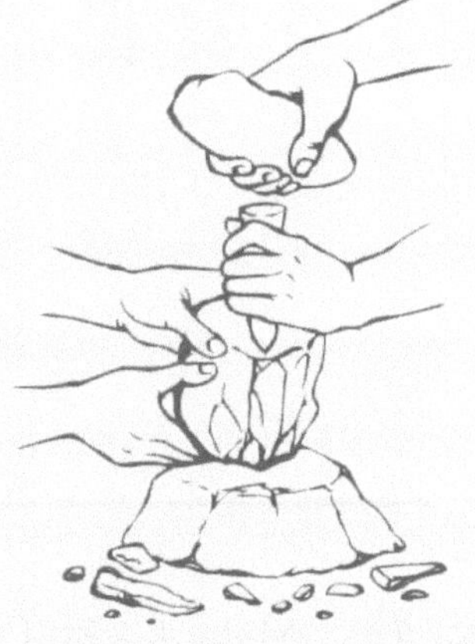

KOHL VERLAG STEINZEIT AN STATIONEN Grundschule – Bestell-Nr. 12 073

17. Kinder in der Steinzeit

!

Rund um die Jungsteinzeit

Wie war wohl das Leben für die Kinder? Sie brauchten weder in die Schule gehen noch Hausaufgaben machen. Die Dinge, die sie lernen mussten, erzählten oder zeigten ihnen die erwachsenen Menschen. Also sammelten sie den ganzen Tag Beeren und Früchte im Wald oder spielten mit den Tieren? Nachts schliefen sie auf kuscheligen Fellen in gemütlichen Höhlen oder Holzhäusern? Das sah wohl früher ganz anders aus. Es war sehr kalt und durch die wilden Tiere auch gefährlich. Nur die kräftigsten Kinder überlebten. Mit sechs bis acht Jahren wurden Kinder in den Arbeitsalltag der Dorfgemeinschaft eingebunden. Mit etwa 14 bis 16 Jahren wurden sie als erwachsen angesehen. So mussten die Kinder beim Sammeln von Nahrung helfen. Sie fanden unter Büschen und Sträuchern, wo die Erwachsenen schlecht hinkamen, Kleintiere, Früchte und Pilze. Es war ganz wichtig, schnell zu lernen, Essbares von Nichtessbarem zu unterscheiden. Den Jungen wurde gezeigt, Tierspuren aufzuspüren und zu verfolgen. Sie lernten, mit Pfeil und Bogen umzugehen. Alle Kinder mussten früh Verantwortung übernehmen. Sie passten auf das Feuer und auf kleinere Geschwister auf und halfen beim Abschaben von Tierfellen. Zum Spielen blieb wohl nur wenig Zeit übrig.

<u>Aufgabe 1</u>: a) Erzähle von einem Tag eines Steinzeitkindes! Schreibe in der Ich-Form

b) Vergleiche deinen Tag mit dem eines Steinzeitkindes.

KOHL VERLAG STEINZEIT AN STATIONEN Grundschule – Bestell-Nr. 12 073

18. Spiele in der Steinzeit

Rund um die Jungsteinzeit

Was wir heute von den Steinzeitmenschen wissen, haben wir durch Ausgrabungen und Höhlenzeichnungen erfahren. Und trotz aller Pflichten – Kinder spielten schon in der Steinzeit. Darauf weisen archäologische Funde von geschnitzten Knochen und Steinen hin, die in Kindergräbern gefunden wurden. Auch puppenähnliche Tonfiguren und Lärminstrumente wie Rasseln und Pfeifen fand man in den Gräbern.

Was Kinder in der Steinzeit gespielt haben, haben die Forscher noch nicht herausgefunden. Als Spielzeug hatten sie nur Dinge aus ihrer Umgebung wie z.B. Holz, Steine, Knochen, Tierfelle, vielleicht Schnüre oder Ton.

<u>Aufgabe 1</u>: Welche Spiele könnt ihr euch mit den Sachen ausdenken?

17. Kinder in der Steinzeit

Rund um die Jungsteinzeit

Lösungen

Aufgabe 1: a) Vorschlag:

Ich wurde wach, weil es mir so kalt war. Klar, mein Bruder hatte wieder die ganze Felldecke um sich gewickelt. Ich stand auf und hatte Hunger. Ob wohl noch ein Stück Brot da war? Ich schaute in den Tontopf. Ja, Glück gehabt! Dazu fand ich noch ein paar geröstete Haselnüsse und ein Stück getrocknetes Fleisch. Ein leckeres Frühstück! Dann ging ich nach draußen. Vor dem Haus standen die Erwachsenen. Die Frauen wollten mit uns Kindern Beeren sammeln, damit sie noch vor dem Winter gut trocknen konnten. Die Männer nahmen ihre Waffen und gingen auf die Jagd. Hoffentlich würden sie erfolgreich sein! Mit sechs Kindern und den vier Frauen zogen wir in den Wald. Wir hatten Körbe dabei und fanden bald die ersten Früchte. Oft mussten wir Kinder ins Gebüsch krabbeln, um noch einige zu ergattern. Nach Stunden kamen wir wieder nach Hause, die Sonne ging schon fast unter. Die Tiere auf der Wiese mussten noch Wasser haben, schleppen, schleppen … Doch dann gab es frisches Brot, was eine Frau gebacken hatte, und leckere Früchte. Die Männer waren noch nicht zurück, als ich müde auf mein Lager fiel. Und heute Nacht würde ich die Decke bekommen …

b) eigene Antworten

18. Spiele in der Steinzeit

Rund um die Jungsteinzeit

Lösungen

Aufgabe 1: Vielleicht haben sie Fangen und Verstecken gespielt oder auch mit kleinen Steinen auf ein Ziel geworfen … Vielleicht hatten sie auch einen Ball aus Leder. Vielleicht haben sie auch mit Tonkugeln Murmelspiele gemacht. Oder mit Ton- und Holzfiguren Alltag nachgespielt und mit den Rasseln und Pfeifen Musik gemacht.

19. Megalithen

!

Rund um die Jungsteinzeit

Um die Toten zu bestatten, begann man ab 4500 v. Chr. damit, Hügelgräber oder große Steinbauten, die Megalithanlagen, zu errichten. Sie wurden bis in die Bronzezeit (ca. 2300 v. Chr.) genutzt. Als Megalith (großer Stein) bezeichnet man einen Steinblock, der als Baustein für Grabanlagen benutzt oder aufgerichtet in Steinreihen oder Steinkreisen eingesetzt wurde. Bis heute weiß man nicht genau, warum die Menschen plötzlich diese riesigen Bauwerke aus Stein errichteten. Stehen mehrere Steine aufrecht und liegt darüber ein einzelner Megalith, nennt man das einen "Dolmen" (Tischstein). Früher waren die Steine meist mit Erde bedeckt. Unter dem Erdhügel befanden sich eine oder mehrere Grabkammern. Es gibt aber auch Gräber ohne Erdmantel. Menhir nennt man einen hochragenden Steinblock, der auch als Hinkelstein bekannt ist.

Aufgabe 1: Erkläre und zeichne auf: Megalith, Dolmen, Menhir und Steinkreis.

20. Die Megalithanlagen von Carnac

Rund um die Jungsteinzeit

Überall in Europa findet man Zeugnisse der Megalithkultur. Mehr als 6000 solcher Monumente sind in der Bretagne bereits gefunden worden. Nirgendwo sind sie jedoch so zahlreich wie in Carnac. Die Steinalleen sind mit ca. 3000 Menhiren die größten der Welt. Sie erstrecken sich über mehrere Kilometer. Die Menhire sind in drei großen Steinreihen aufgestellt. Knapp 2800 Steine sind zu finden. Sie wurden im 3. Jahrtausend vor Christus angeordnet. Die Reihen enden jeweils in einem Oval aus Menhiren. Während die Dolmen als Begräbnisstätten gelten, geben Menhire und Steinreihen den Forschern immer noch viele Rätsel auf. Der Sinn und Zweck dieser Bauten ist bis heute nicht geklärt.

Aufgabe 1: Setze die Puzzleteile richtig zusammen um die Steinanlage von Carnac zu sehen.

KOHL VERLAG STEINZEIT AN STATIONEN Grundschule – Bestell-Nr. 12 073

19. Megalithen !

Rund um die Jungsteinzeit

Lösungen

Aufgabe 1: Ein Megalith ist ein großer Stein. Ein hoher, aufrecht stehender Stein ist ein Menhir oder auch Hinkelstein. Liegt über mehreren aufrecht stehenden Steinen ein weiterer Stein, handelt es sich um Dolmen. Steinkreise sind viele im Kreis angeordnete Megalithen, große Steine.

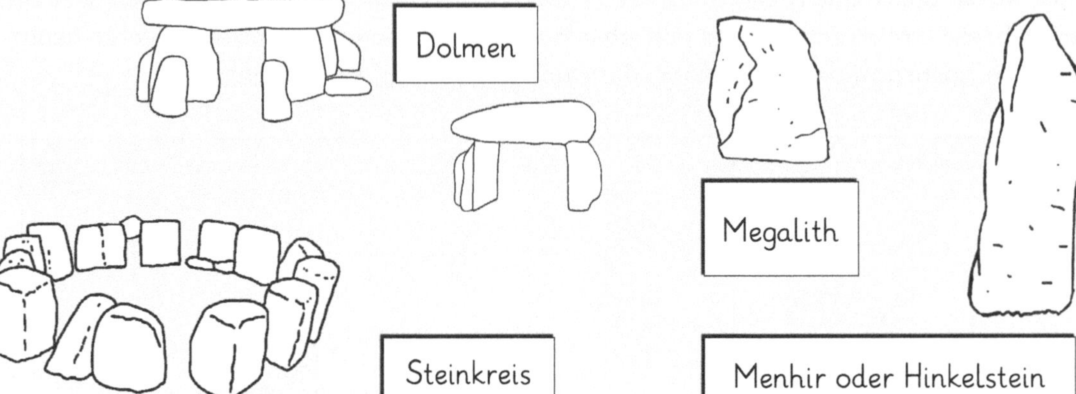

KOHL VERLAG STEINZEIT AN STATIONEN Grundschule – Bestell-Nr. 12 073

20. Die Megalithanlagen von Carnac 

Rund um die Jungsteinzeit

Lösungen

Aufgabe 1: So ist das Bild richtig zusammengesetzt.

KOHL VERLAG STEINZEIT AN STATIONEN Grundschule – Bestell-Nr. 12 073

21. Stonehenge ★

Rund um die Jungsteinzeit

Der geheimnisvolle Steinkreis Stonehenge nahe Salsbury in Großbritannien entstand vor tausenden Jahren. Wahrscheinlich wurde er für religiöse Feierlichkeiten genutzt. Der Name Stonehenge bedeutet so viel wie „hängende Steine". Seit 1986 gehört Stonehenge zum Weltkulturerbe der UNESCO. Die englische Sage behauptet, dass die Steine aus Afrika kommen und heilende Wirkung haben. Die ganze Anlage soll ursprünglich in Irland gestanden haben. Der Zauberer Merlin habe die gesamten Steine mit Hilfe eines Riesen den Iren geraubt und in England wieder aufgebaut. Seit über 4000 Jahren stehen diese Steinblöcke auf einem freien Feld. Wozu diese wundersame Anlage erschaffen wurde, ist bis heute nicht sicher. Handelt es sich um die Überreste einer Grabstätte, eines Tempels, eines Kalenders oder einer uralten Sternwarte? Manche Menschen glauben sogar, Stonehenge sei ein Geschenk von Außerirdischen. Heute ist es ein Touristenanziehungspunkt ersten Ranges.

Aufgabe 1:

a) Was bedeutet der Name „Stonehenge"?

b) Was ist das „Weltkulturerbe der UNESCO"? Forsche nach!

c) Was denkst du: Welchen Sinn und Zweck könnte Stonehenge gehabt haben?

KOHL VERLAG
STEINZEIT AN STATIONEN
Grundschule – Bestell-Nr. 12 073

22. Die Himmelsscheibe von Nebra 

Rund um die Jungsteinzeit

Die Himmelsscheibe von Nebra ist eine der ältesten Darstellungen des Himmels, die man bisher gefunden hat. Sie ist rund 4000 Jahre alt. Auf der Scheibe sieht man in Gold den Vollmond (oder die Sonne?), eine Mondsichel und 32 goldene Sterne. Sieben davon stehen eng beieinander und werden als Sternbild der Plejaden (auch Siebengestirn genannt) gedeutet. Diese sieben Sterne sind um den 10. März das letzte Mal in der Abenddämmerung sichtbar. Dieser Zeitpunkt bestimmte den Termin der Aussaat und war deshalb sehr wichtig für die Bauern. Am 17. Oktober dann sind die Plejaden gerade noch in der Morgendämmerung zu sehen. Das ist der Termin für die Ernte. Unten auf der Scheibe ist noch ein Schiff dargestellt. Die Scheibe wurde 1999 von Raubgräbern in der Nähe von Nebra gefunden. Mehrmals wurde die Scheibe weiterverkauft, obwohl das strafbar ist. Denn die Scheibe gehört dem Bundesland Sachsen-Anhalt, auf dessen Boden sie gefunden wurde. Ihr Wert beträgt heute etwa 100 Millionen Euro. Das Original der Himmelsscheibe befindet sich im Landesmuseum in Halle an der Saale.

Aufgabe 1:

a) Wo und wann wurde die Himmelsscheibe gefunden?

b) Wem gehört diese wertvolle Scheibe?

c) Male die Himmelsscheibe farbig aus.

KOHL VERLAG
STEINZEIT AN STATIONEN
Grundschule – Bestell-Nr. 12 073

21. Stonehenge

★ **Rund um die Jungsteinzeit**

Lösungen

Aufgabe 1:

a) Name Stonehenge bedeutet so viel wie „hängende Steine".

b) Die UNESCO verleiht den Titel Welterbe (Weltkulturerbe und Weltnaturerbe) an Stätten, die aufgrund ihrer Einzigartigkeit weltbedeutend sind. Die UNESCO ist eine "Organisation der Vereinten Nationen für Erziehung, Wissenschaft und Kultur". Die UNESCO will Bildung für alle Menschen auf der Welt, auch in armen Ländern. Besonders bekannt ist die UNESCO durch das Welterbe. Von manchen alten Gebäuden und besonderen Landschaften sagt die UNESCO, dass sie zum Erbe der gesamten Welt gehören. Diese Gebäude sollen gepflegt werden, damit auch die Menschen in der Zukunft sie noch kennenlernen können.

c) eigene Antworten (Grabstätte, Kalender, Sternwarte, religiöse Stätte?)

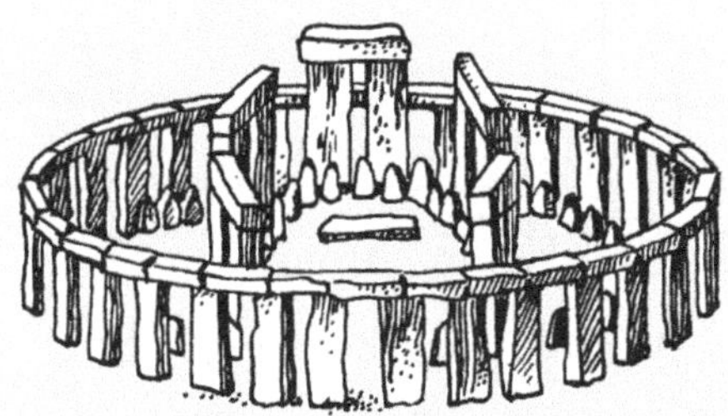

KOHL VERLAG STEINZEIT AN STATIONEN Grundschule – Bestell-Nr. 12 073

22. Die Himmelsscheibe von Nebra

★ **Rund um die Jungsteinzeit**

Lösungen

Aufgabe 1:

a) Die Himmelsscheibe wurde 1999 in der Nähe von Nebra gefunden.

b) Diese Scheibe gehört dem Bundesland Sachsen-Anhalt.

c) individuelle Lösungen

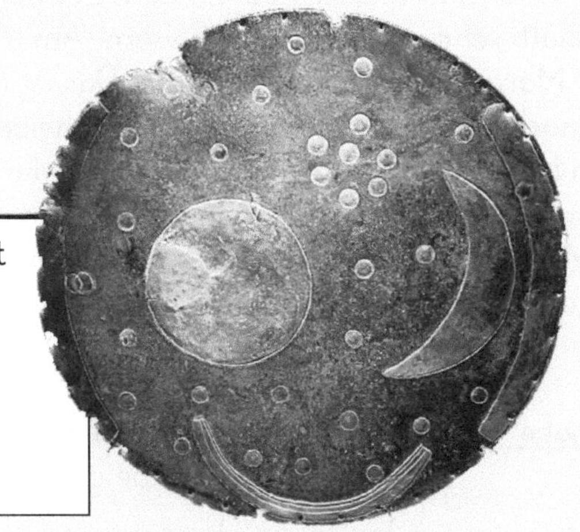

Die Scheibe entstand Ende der Jungsteinzeit bis Anfang der Kupferzeit. Sie war aus Kupfer. Nach dem Vergraben bildete sich durch Korrosion eine grüne Malachit-Schicht. Sonne, Mond und Sterne sind aus Gold zugefügt.

KOHL VERLAG STEINZEIT AN STATIONEN Grundschule – Bestell-Nr. 12 073

23. Sonnenobservatorium Goseck

 ★

Rund um die Jungsteinzeit

Die Anlage liegt am Ortsrand von Goseck. __ie wurde 1991 entdeckt. Für die Rekonstruktion wurden über 1600 Eichenstämme __n der Stelle in den Boden gerammt, an der Archäologen 1991 die Umrisse des Sonnenobervatoriums entde__kten. 2005 war sie fertig rekonstruiert und wurde für Besuc__er geöffnet. Die Kreisgrabenanlage wurde schon 4800 v. Chr. errichtet. Damit ist sie das älteste Sonnenobservatorium der Welt. Hier erfor__chten einst Steinzeitmagier den Himmel. Die ersten Bauern bestimmten ihre Saat- und Ernt__termine mit Hilfe des hölzernen Sonnentempels. Die A__lage hatte drei Tore und einen Durchmesser von 75 Metern. Das Südosttor ermöglichte ein exaktes __npeilen des Sonnenaufganges zur Wintersonnenwe__de am 21. Dezember. Das Südwesttor ist auf den Sonnenuntergang ausgeric__tet. In den Holzpalisaden der Anl__ge gibt es bestimmte Aussparungen, so genannte Zeitmarken, durch die an bestimmten Tagen im Jahr die Sonnenstrahlen fal__en. An diesen Tagen versammel__en sich die Menschen zu rituellen Festen dort.

Aufgabe 1: In diesem Text fehlen so einige Buchstaben. Lies sie hintereinander und du erfährst, in welchem deutschen Bundesland das alte Observatorium steht.

24. Männchen von Willemstad

Rund um die Jungsteinzeit

Das Mannetje van Willemstad ist eine Figur aus Eichenholz, die 1968 am Übergang zur Insel Schouwen-Duiveland in den Niederlanden gefunden wurde. Das Männchen soll 4450 v. Chr. entstanden sein. Es lag in acht Metern Tiefe zwischen den Wurzeln einer Eiche. Die Figur, bei der nur das Gesicht ausgeformt wurde, ist etwa 13 cm hoch. Wozu es benutzt wurde, ist nicht genau bekannt. Es zählt wohl zur Vlaardingen-Kultur, einer Jungsteinzeit-Kultur in den Niederlanden. In den Dünengebieten nahe der holländischen Küste wurden Reste einiger Siedlungen gefunden, die im Gezeitengebiet zwischen den Rhein- und Maasmündungen lagen. Hier fand man auch Einbäume und Reusen, die auf Fischfang hinweisen. Ackerbau war nicht ständig möglich.

Aufgabe 1:

a) Wo wurde das Männchen von Willemstad gefunden?

b) Aus welchem Material ist es?

c) Zwischen welchen beiden Flüssen fand man Siedlungen der Vlaardingen-Kultur?

d) Versucht aus Fimo oder Ton ähnliche Figuren zu gestalten oder erstellt eine Zeichnung.

23. Sonnenobservatorium Goseck

Rund um die Jungsteinzeit

Lösungen

Aufgabe 1: Lösungswort: SACHSEN-ANHALT

24. Männchen von Willemstad

Rund um die Jungsteinzeit

Lösungen

Aufgabe 1:

a) Es wurde am Übergang zur Insel Schouwen-Duiveland in den Niederlanden gefunden, in 8 m Tiefe zwischen den Wurzeln einer Eiche.

b) Es ist aus Eichenholz.

c) Die Siedlungen lagen zwischen den Mündungsarmen von Rhein und Maas.

d) eigene Kreationen

25. Ötzi

! Rund um die Jungsteinzeit

Ötzi, auch „Der Mann aus dem Eis" genannt, ist eine Mumie aus der späten Jungsteinzeit. 1991 fanden sie Wanderer zufällig in den Ötztaler Alpen. Der Körper und alles, was der Mensch bei sich hatte, war im Eis vollständig erhalten geblieben. Anhand von Ötzi, wie die Mumie bald genannt wurde, konnte man viele neue Erkenntnisse gewinnen – allerdings gibt es bis heute auch viele Fragen.
Ötzi lebte etwa 3300 v. Chr. Man fand bei ihm zahlreiche Kleidungsstücke, Ausrüstungsgegenstände, Werkzeuge und Waffen. Sie wurden genau untersucht. So weiß man jetzt, dass die Menschen zum Ende der Jungsteinzeit schon richtige Schuhe besaßen und dass sie warme Fellkleidung herstellten. Wahrscheinlich starb Ötzi an einem Pfeil, dessen Spitze man in seinem Schulterblatt fand. Ötzi war bei seinem Tod etwa 46 Jahre alt und mit etwa 1,60 Meter recht klein. Er wog etwa 50 kg, hatte braune Augen und dunkles Haar.

Aufgabe 1: a) Warum nannte man die Mumie wohl Ötzi?

b) Vor wie vielen Jahren lebte Ötzi ungefähr?

KOHL VERLAG STEINZEIT AN STATIONEN Grundschule – Bestell-Nr. 12 073

26. Ötzis Ausrüstung und Kleidung

! Rund um die Jungsteinzeit

Mit seiner Kleidung aus Fell und vor allen Dingen den Schuhen, die ihm im Schnee guten Halt boten, war Ötzi bestens gerüstet für diese Alpentour. Seine Kleidung bestand aus einem Fellmantel, aus Mütze, Obergewand, Lendenschurz, Gürtel, zwei Beinröhren und Schuhen aus Leder bzw. Fell. Er hatte noch einiges dabei: ein Kupferbeil, einen Bogen, Pfeile und einen Dolch mit einer Klinge aus Feuerstein. Dazu trug er eine Umhängetasche mit Getreidekörnern, Zunderschwamm und Feuersteinen. Forscher meinen, dass er nicht zu den armen Leuten gehört haben muss. Denn Kupfer war damals sehr wertvoll. Das Kupferbeil zeigt, dass Ötzi gegen Ende der Jungsteinzeit gelebt hat.
Doch Ötzis Tod entpuppt sich als richtiger Mordfall. Denn eine Pfeilspitze steckte in Ötzis Rücken. Viele glauben, dass Ötzi von hinten angeschossen wurde und daran gestorben ist. Andere sagen: Er war zwar durch den Pfeil verletzt – aber ein Schlag auf den Kopf war der Grund für seinen Tod. Blut von anderen Menschen fand sich auf seiner Kleidung, dazu hatte Ötzi Rippenbrüche und Prellungen.

Aufgabe 1: a) Zeichne Ötzi auf, so wie du ihn dir nach der Beschreibung vorstellst.

b) Du bist für die Berliner Zeitung am Fundort von Ötzis Mumie. Schreibe einen spannenden Bericht über den Mord! Wer war wohl der Täter? Was wollte Ötzi in den Bergen? War er auf der Flucht?

KOHL VERLAG STEINZEIT AN STATIONEN Grundschule – Bestell-Nr. 12 073

25. Ötzi

Lösungen

Aufgabe 1: a) Da die Mumie in den Ötztaler Alpen gefunden wurde, bekam sie den Namen Ötzi.

b) Ötzi lebte etwa 3300 Jahre vor Chr. Heute schreiben wir das Jahr 2017. Also lebte der Mann aus dem Eis vor etwa 5317 Jahren.

Ötzi-Denkmal am Tisenjoch

26. Ötzis Ausrüstung und Kleidung

Rund um die Jungsteinzeit

Lösungen

Aufgabe 1: a) Individuelle Lösungen

b) Individuelle Lösungen

Der Zeitungsbericht:

Grauenvoller Fund! Der Ötzi wurde ermordet! Er hatte eine Pfeilspitze in der Schulter, es wurde auf ihn geschossen. Auf seiner Kleidung fand sich Blut von fremden Menschen. Ötzi hatte auch gebrochene Rippen und Prellungen. Er hatte Getreide und Feuersteine dabei, so wollte er wohl länger unterwegs bleiben. Doch was trieb ihn in die Berge? War er auf der Flucht? Wurde er verfolgt? Wer hat ihn umgebracht? Unsere Zeitung berichtet weiter, sobald es neue Informationen gibt.

27. Ausmalbild Ötzi

KOHL VERLAG STEINZEIT AN STATIONEN Grundschule – Bestell-Nr. 12 073

Bildnachweise

Seite 3 © wladik83 - AdobeStock.com
Seite 4 © philllbg - AdobeStock.com
Seite 9: © AdobeStock_Microgen, © AdobeStock_Xavier, © AdobeStock_Igor Zakowski
Seite 10: © AdobeStock_lufeethebear, © AdobeStock_nattanan726, © AdobeStock_Eric Issel+®e, © AdobeStock_by-studio
Seite 11: © AdobeStock_Björn Wylezich
Seite 12: © AdobeStock_ Chrispo
Seite 13: © AdobeStock_flas100, © AdobeStock_Vasily Merkushev
Seite 14: © AdobeStock_tunedin, © AdobeStock_sezer66
Seite 16: © AdobeStock_nicolasprimola
Seite 17: © AdobeStock_ayelet_keshet_1, © AdobeStock_Juulijs, © AdobeStock_Ig0rZh
Seite 18: © AdobeStock_wladik83, © AdobeStock_kotjarko
Seite 19: © Ethiopia com wik org TUBS
Seite 19/20: © AdobeStock_nicolasprimola
Seite 21: © AdobeStock_barbulat, © Homo_erectus_com. wikimedia org Rafaelamonteiro80, © Homo_habilis- com. wikimedia org Rafaelamonteiro80, © AdobeStock_tohokusnow
Seite 22: © AdobeStock_annasunny, © AdobeStock_photosoup
Seite 23: © AdobeStock_anibal, © AdobeStock_wladik83
Seite 24: © Map_of_classic_Neandertal com wik org Chumwa, © Neandertal com wik org Abuk SABUK
Seite 25: © AdobeStock_auntspray, © AdobeStock_Ronnie Howard
Seite 26: © AdobeStock_nicolasprimola, © AdobeStock_Yaroslav, © AdobeStock_Oleksandr Dibrova, © AdobeStock_auntspray
Seite 27: © Smilodon_Fatalis com wik org Mastertax, © AdobeStock_Tomas Hulik
Seite 27/28: © AdobeStock_meon04, © Hirsch FotoliaComp_139822835, © AdobeStock_fargon, © AdobeStock_Klara Viskova, © AdobeStock_fargon
Seite 29: © AdobeStock_Jurgita Mozuraite, ©AdobeStock_dule964, © AdobeStock_geografika, © AdobeStock_Schlierner, © AdobeStock_Coprid, © AdobeStock_Kletr, © AdobeStock_barbulat
Seite 30: © AdobeStock_dedMazay, ©AdobeStock_Andy Ilmberger
Seite 31: © AdobeStock_antimartina, ©AdobeStock_Lorelyn Medin
Seite 32: © AdobeStock_oksanastepanova, ©AdobeStock_pavelkubarkov, © AdobeStock_Tim UR, ©AdobeStock_Dmytro Sukharevskyi
Seite 34: © AdobeStock_mavoimages, © Cervids_painted_ com wik org F+ª
Seite 35: © AdobeStock_Morphart, © AdobeStock_Lucky Dragon
Seite 36: © AdobeStock_korvit., © AdobeStock_wealthy_b
Seite 37/38: © AdobeStock_Gstudio Group, © AdobeStock_Sergey YAkovlev, © AdobeStock_SG- design, © AdobeStock_ALF photo, © AdobeStock_b_plan88
Seite 38: © AdobeStock_fir4ik
Seite 39: © -Çrai+íu_muzejparks com wik org Derbrauni
Seite 39/40: © AdobeStock_JPS, © Faustkeil com wik org Michel-georges bernard, © AdobeStock_prapann
Seite 41: © AdobeStock_stockakia
Seite 42: © AdobeStock_gelilewa, © AdobeStock_amstockphoto
Seite 43: © AdobeStock_Lorelyn Medina, © AdobeStock_Juulijs
Seite 44: © AdobeStock_Juulijs, © Denmark com wik org Rotsee
Seite 45: © Arch-Freil-Oerlinghausen-Langhaus com wik org Grugerio, © Bandkeramik- com wik org Ana al'ain, © Schkeuditz Topf com wik org Einsamer Schütze
Seite 46: © AdobeStock_Lionello Rovati
Seite 47: © AdobeStock_subarashii21, © crimson - AdobeStock
Seite 48: © AdobeStock_Linda Pirat, © AdobeStock_rosinka, © AdobeStock_by-studio
Seite 49: © Gesteine_am_Ufer_der_Urft_im_Nationalpark_Eifel com wik org Raymond, © AdobeStock_Deyan Georgiev, © AdobeStock_cathames
Seite 50: © AdobeStock_nmelnychuk
Seite 51: © AdobeStock_Bildgigant
Seite 52: © AdobeStock_Bildgigant
Seite 53: © Abaca_weaving com wik org Lawrence ruiz, © J. E. Walkowitz Creative Commons
Seite 54: © AdobeStock_ermess, © AdobeStock_Aleksey Sagitov, © AdobeStock_thanamat, © AdobeStock_Lorelyn Medina
Seite 55: © AdobeStock_Ruslan Gilmanshin
Seite 55/56: © AdobeStock_Schlierner, © AdobeStock_Janine Fretz Weber, © AdobeStock_photocrew
Seite 56: © AdobeStock_UMA
Seite 57: © AdobeStock_hiro_koubou, © AdobeStock_hiro_koubou
Seite 58: © SMWM_-_Jungsteinzeitliches_Dorf_2 com wik org Xenophon, © SMWM_-_Jungsteinzeitliches_Dorf_3 com wik org Xenophon, © AdobeStock_equinoxvect
Seite 59: © AdobeStock_Hans und Christa Ede, © AdobeStock_yingthun, © AdobeStock_Orlando Bellini
Seite 60: © AdobeStock_freehandz, © AdobeStock_Marina
Seite 61: © AdobeStock_tigatelu, © com wik org Jastrow, © AdobeStock_mariontxa, © AdobeStock_crazybella
Seite 62: © AdobeStock_Sylverarts, © AdobeStock_Andrey Zyk, © AdobeStock_womue
Seite 63: © AdobeStock_Juanamari Gonzalez, © Menhir_du_Champ_Dolent com wik org Eusebius, © Dolmen com wik org Praeceptor
Seite 63/64: © AdobeStock_guillaume_photo
Seite 65: © AdobeStock_LevT
Seite 66: © AdobeStock_Juulijs, © Nebra_Scheibe com wik org Rainer Zenz
Seite 67: © Adobe Stock_Andreas Gruhl, © wikipedia_Willemstad_man_creative commons_Benutzer_NearEMPTiness
Seite 68: © Adobe Stock_Andreas Gruhl, © wikipedia_map provinces netherlands_creative commons_Urheber_alpaton_Benutzer Furfur
Seite 69: © OetzitheIceman-glacier-1991 com wik org Jacklee
Seite 70: © Oetzi_Memorial com wik org Kogo, © Museum Südtirol Ötzi Copy-Right liegt vor Südtiroler Archäologiemuseum, www.iceman.it